赤い韓国

危機を招く半島の真実

櫻井よしこ
呉善花

産経セレクト

S-007

まえがき

私はいま、この「まえがき」を朝鮮半島情勢が極度の緊張に達しようとしている中で書いています。

二〇一七年四月四日にシリアが化学兵器を使って国民を殺害し、それに対してアメリカが、わずか二日の協議の末に、五九発の巡航ミサイル、トマホークをシリアのシャイラート空軍基地に発射しました。

ミサイル攻撃という衝撃ニュースをトランプ大統領は、フロリダを訪れていた中国の国家主席・習近平氏に、氏を主賓とする歓迎ディナーの席で、デザートのチェリーパイを食べながら頃合いをはかって告げました。習主席はトランプ大統領の報告に謝意を表し、攻撃を「理解する」と語ったそうです。思いもよらなかった五九発のミサイル攻撃というトランプ大統領の先制攻撃にすっかり圧倒されてしまったかのようです。

米中首脳会談は、当初、アメリカ側の人事体制が整わず、従って十分な準備ができないまま、交渉力も戦略力も優れている中国側にトランプ政権が押し込まれるのではないかと見られていましたが、それが大逆転してしまいました。

その後、一一日にモスクワを訪れたティラーソン米国務長官は、百戦錬磨のビジネスマンの経験と知識をもって、職業外交官も顔負けの、堂々たる大国外交を展開したと思われます。ロシアはアメリカのシリア攻撃を「違法行為だ」として厳しく非難しましたが、ティラーソン氏の訪問を拒否することはできませんでした。プーチン大統領自らティラーソン氏と二時間も会談するなど、国力を衰えさせているロシアの脆弱な立場を見せてしまいました。ロシアのGDPは韓国より小さく、国防予算も世界第六位です。強い勢力を誇ったかつての大国のイメージはもはやありません。

アメリカの次のターゲットが北朝鮮です。北朝鮮はすでに五回の核テストをしています。完成にはあと少しです。そのための六回目の核実験をするのか、もしくはアメリカ本土まで届くICBM（大陸間弾道ミサイル）の完成に向けて、ミサイル実験を重ねるのか、そのいずれも、アメリカは許容しない姿勢です。

シリアに行ったような攻撃をピンポイントで金正恩の居所を目掛けてアメリカが行うのか。双方は言葉を極めて、非難し合っています。激しい言葉は北朝鮮にとって最終戦争、アメリカにとって泥沼の戦争にもなりかねない事態を避けるための口撃です。

しかし、激しいやり取りの中で、何がどのように間違って偶発的に戦争が勃発しないとも限りません。

こうした緊張感の中で、私は書いています。本書が皆様のお目に留まる頃、朝鮮半島情勢がどうなっているかは、予測がつきません。けれども一連の緊急事態は、我が国日本の国防に大きな疑問を突き付けました。日本に何が欠けているのかが、ようやく私たちの目に明らかになりつつあるのではないでしょうか。

戦後の日本は、平和で豊かで安心できる社会を構築してきました。一度も攻められることなく、攻めることなく、戦争のない戦後を過ごしてきました。これは日本の国柄に合ったものです。

聖徳太子の時代から、日本は中華文明と訣別して、穏やかでありながらも、いざという時には雄々しく立ち上がる文明を築いてきました。戦後、穏やかさにおいて、私たちは本来の日本の国柄を実践してきました。

別の言い方をすれば、日米安保条約によって、その前に現行憲法によって、私たちは雄々しく立ち上がることを禁じられてきました。そのうちに、安穏であることに満足して、自らを守らなくても済む安易さ、アメリカという大国に頼りきる便利さの中に埋もれてきました。

でもいま、その体制が大きく変わったと突き付けたのが、トランプ政権です。うかうかしていれば、日本はとんでもないことになると教えてくれているのが、目の前にある朝鮮半島の危機です。

朝鮮半島、とりわけ韓国には五万七〇〇〇人の日本人がいます。北朝鮮には横田めぐみさん、有本恵子さん、増元るみ子さんをはじめ、日本人が囚われています。その数は、特定失踪者問題調査会の荒木和博さんらの調査によると、七〇〇人を超えます。

朝鮮半島有事の際に、この人たちを我が国は救い出すことができるのでしょうか。

政府は拉致問題を重大な案件と位置づけて、出来る限りのことをしてきたはずです。

しかし、どうしても、これなら大丈夫というところに辿り着くことができません。心許ない限りです。理由は憲法が自衛隊の行動を厳しく制限しているからです。加えて朝鮮半島との難しい関係があるため、自衛隊や海上保安庁といった、日本国の力を行使する組織は容易に朝鮮半島に近づくことを許されません。

では、日本国民の命と安全はどうなるのでしょうか。北朝鮮有事となれば、当然、日本も韓国も巻き込まれることでしょう。北朝鮮と韓国の国境線である三八度線から、ソウルはわずか四〇キロです。真っ先にソウルが、いわゆる火の海にされかねません。

日本とて例外ではありません。三月六日に北朝鮮が四連発のミサイル実験を行ったとき、彼らはこう宣言しました。

「今回のミサイル実験を取り仕切ったのは、在日米軍基地を攻撃する部隊だった。大成功だった」

北朝鮮は昔から、アメリカ軍がいなければ、容易に韓国を併合できると信じてきました。朝鮮戦争からその教訓を得たのです。したがって、次に北朝鮮が韓国を併合しようとするとき、彼らが狙うのが在日米軍基地であるというのは、当然なのです。三沢、横須賀、岩国、佐世保、横田、もちろん沖縄もそうです。日本各地にあるアメリカ軍基地が標的になっています。そのことは日本自体が標的になっているということです。

北朝鮮のミサイルをどのように迎撃するのか。我が国には、優れた情報収集能力と対処能力を持つイージス艦があります。イージス艦で捕えられない場合は、ミサイル防衛網があります。

しかし、北朝鮮が多くのミサイルを同時発射して、専門家たちが言う飽和攻撃を行うとき、もはや防ぐ手はないのです。その防ぎようのない危機が、可能性としてですけれども、現実に目の前にあります。

だからこそ、どのようにして国家が国民を守れる体制を整えていくのか、真剣に議論されなければならないのです。国会では森友学園問題が取り上げられ続けていますが、こんなことでよいのでしょうか。

大半の国民は、平和の中で充足して暮らしています。平和がもたらす幸福感の中で、危機を感じ取ることができていません。でも、アメリカが日本を守ってくれるという考え方そのものが、オバマ政権のときから、実はなくなっているのです。トランプ政権も当初は、北朝鮮の核には日本も韓国も自分の核で対処したらどうかと、突き付けました。

その後、国防長官にジェームズ・マティス氏が指名され、マティス氏は日本に来て、アメリカは一〇〇％日本と協力すると、言明しました。

安倍首相がフロリダを訪れて、トランプ大統領と親密な関係を築いた首脳会談では、大統領は、核及び通常戦力の双方によるあらゆる種類の米国の軍事力を使った日本の防衛に対する米国のコミットメントは揺るぎないと言葉で語り、共同声明に書き込みました。

確かにトランプ政権のアメリカは、日本を守ろうとしてくれるでしょう。しかし、先に書いたように、守ろうとしても、守れない状況が生まれるかもしれない。そのような危険に満ちた状況が生まれてしまっているのです。

ここはどうしても、歴史を思い起こさざるを得ません。呉善花さんとの対談の中でも強調しましたが、穏やかな文明を築いた日本国が、長い二七〇〇年近くの歴史の中で、幾度か外国と戦っています。

六六三年の白村江の戦い。朝鮮半島の百済を助けるために、日本が出兵し、見事に敗れた戦争でした。

一三世紀に二度にわたって、我が国は元によって侵略されました。元寇です。元寇の実態は、中国軍ではなく、朝鮮半島の高麗軍だったのです。高麗は元の属国となり、命じられて日本を攻めました。日本に負けるようなことがあれば、背後にいる元によって、どれほど厳しく罰せられることか、高麗軍は必死に戦い、我が国は累々たる死者を出しました。

鎌倉武士が、東国から西国の九州、北九州へと延々と長い道を向かった。国防のために立ち上がったその努力の跡は、博多に行くといまも土塁で造った堤防の跡となって残っています。元寇は、元との戦いというより、高麗軍との戦いだったことを思い出したいものです。

近代に入って日清戦争がありました。朝鮮半島をめぐって我が国は大国・清と戦い、勝ったのです。清国が朝鮮半島に支配権を広げようとし、我が国はそれを阻止するために日清戦争を戦ったのでした。

日露戦争も朝鮮半島にロシアの勢力が南下してくる危険性を察知して、我が国は立ち上がりました。

穏やかな国、日本の戦いには、ほとんどの場合、朝鮮半島問題が原因となっています。いま、目の前にある状況は、戦争に関する歴史的因果関係と、よく似た構図になっているのです。

紛争を避けたい。誰しもそう思います。けれども、北朝鮮が暴走すれば、否応なく紛争は日本に飛び火します。そのときアメリカももはや、守り切ることができない場合があるとすれば、我が国を守るのは、最終的に我が国でなければなりません。

呉善花さんと語り合って、朝鮮半島問題について多くのことを教えていただきました。理屈ではなく情で動く人々、その情に政府までも動かされる国、司法が機能しない国、行政が国民感情に流される国。そのような厄介な国が隣にいるとき、私たちは、いかなる意味でも、しっかりしなければ日本国を守り切ることはできません。

非常に難しい二国間関係が現在の日本と韓国です。しかし、そこに留まっていてはならないのであって、少しでも朝鮮半島の実態を知って、どのように対処するのが一番、理に適っているのかを知って、厳しい状況下であるからこそ、最も賢く対処したいものです。

本書では、日韓双方の文化を深く理解し、その文化の相克の中で、問題に直面しながらも乗り越えてきた呉善花さんと、多くのことを語り合いました。ここに御礼を申し上げ、読者の皆様と共に、日本国の在り方を考えたいと思います。

平成二九年四月一四日

櫻井よしこ

赤い韓国

危機を招く半島の真実

◎目次

数字や肩書き、韓国の与野党の表記などは対談時のものです。

装丁　神長文雄＋柏田幸子
DTP製作　荒川典久
本文写真　共同通信社、産経新聞社
帯写真　産経新聞社、呉善花氏

第1章　半島の民族主義が攻めてくる

国民情緒で「真実」が動く

櫻井　朝鮮半島情勢が尋常ならざる危機に陥っています。朝鮮半島の危機は、そのまま日本の危機といってもよいわけで、どれほど私たちが危ない状況に直面しているのか、その危機を共有したいと考えています。まず、北朝鮮は核開発や弾道ミサイルの発射を止めません。そして韓国では左翼政権ができる可能性が非常に高まっています（編集註／二〇一七年三月二四日時点）。

そこで朴槿恵《パククネ》氏の問題から始めましょうか。

朴槿恵氏は二〇一七年三月二一日、友人の崔順実《チェスンシル》被告の国政介入事件で、初めてソウル中央地検の取り調べを受けました。翌二二日の早朝には帰宅しましたが、きょうにも逮捕状が出るという情報もあります（編集註／ソウル中央地検は二〇一七年三月三一日未明、朴槿恵氏を収賄などの容疑で逮捕）。

呉　韓国の歴代大統領で、検察から取り調べを受けたのは盧泰愚《ノテウ》氏、全斗煥《チョンドファン》氏、盧《ノ》武鉉《ムヒョン》氏に続き、四人目です（編集註／逮捕されたのは盧泰愚氏、全斗煥氏に続き三人目）。盧武鉉氏はその後、自殺しました。

櫻井　このほか、初代大統領の李承晩《イスンマン》氏はアメリカに亡命、朴槿恵氏の父親である朴《パク》正熙《チョンヒ》氏は暗殺、金泳三《キムヨンサム》、金大中《キムデジュン》、李明博《イミョンバク》の三氏は息子や兄が逮捕されています。韓国大統領一人ひとりの末路をみると、非常に気の毒な目に遭っているのが特徴的なのですが、朴槿恵氏は特にそのような感じを受けます。

呉　そうですね。

櫻井　私は彼女を大統領としては評価していないのですが、人間として、可哀想だと思います。

呉　日本人はよく、可哀想だと言いますよね。

櫻井　気の毒と、言ってもよいかもしれません。

呉　朴槿恵氏は大統領に就任して以来、反日的な行動を取り、日本人もうんざりしていましたが、ここまでやられてしまうと、可哀想だという言い方をする日本人が極めて多いですね。

櫻井　周知のように、朴槿恵氏は二〇一六年一二月九日、国会から弾劾訴追され、大統領の職務権限が停止されました。一七年三月一〇日には、憲法裁判所が大統領を罷免する決定を裁判官八人の全員一致で言い渡し、朴槿恵氏は大統領を失職しました。

韓国ではその後、朴槿恵氏を拘束せよとか、在宅起訴でもよいのではないかとか、

２０１７年3月２２日、ソウル中央地検を出る
朴槿恵前大統領

逃亡や証拠隠滅の恐れはないだろうなどと国論を二分する議論になりました。けれど、ついこの間まで大統領だった人物を、在宅起訴ならともかく、監獄に入れてしまおうという議論は、公正なのか、公平なのか。とりわけ朴氏弾劾の動きにはメディア主導の偏った論調があり、司法もどう見ても公正な判断をしているとは思えない中での朴氏非難は理解に苦しむものです。

呉　もはや大統領職を去ったのだから、あえて一国の代表者だった者を、逮捕・拘束まですることはないだろう、醜い姿を人前に曝させることは控えるべきだろうという、そこには日本人の美意識があると思います。しかし韓国人は、不正なものに対する見方が極めて冷たい。醜く逮捕されるべきだ、そういう姿を見たいというのが、韓国人の心理なのです。

櫻井　今回の事件では二〇一七年二月、韓国の屋台骨と言ってよい財閥、サムスングループの経営トップ、李在鎔《イジェヨン》サムスン電子副会長まで逮捕されました。経済的にも、屋台骨がぐらついている。韓国は自ら国家としての屋台骨を崩してしまうようなことをしていますね。

呉　朴槿恵氏の次を選ぶ大統領選では、保守派の有力な候補者が一人もいません。保守を全滅させてしまった状態なので、左翼系大統領が誕生することは目に見えています。

櫻井　朴槿恵氏の心境を推し量ることはなかなかできませんが、彼女はいま、どのような気持ちでいると思いますか。

呉　憲法裁判所の罷免決定で失職した後も、彼女は親しい議員を通じて「真実は必ず明らかになると信じている」と、疑惑を認めない立場を明らかにしています。

ところが、韓国の裁判所は国民の感情、「国民情緒」に左右されます。朴槿恵氏を罷免する決定も国民情緒による判断なのです。裁判官ですら、国民情緒に侵されているということです。これが韓国であり、極端に言えば国民情緒が儒教的な意味での「法律」なのです。韓国で法律とは「近代法」ではなく、「儒教的な法律」です。

櫻井　なるほど。韓国では、法律が法律ではない。儒教が法律なのだと。その儒教は、何よりも感情に重きを置く。理が通じない。国家としては、非常につき合いにくい国ですね。

呉　そうですね。儒教国家にも法律はあるわけですが、儒教国家の統治の基本は道徳によって国を治めることにあります。道徳は理性に属するものですが、心情がしっかり伴っていなければ、本格的なものとは言えません。道徳は単に冷たい理性としてあってはならず、熱い情とともにあるべきものだ、といった考えでしょうか。そこで、法律を適用する場合、「情理」による判断に重きがおかれるのです。これが、現実には権力者の「さじ加減」ともなってしまうのですが、国民情緒を導入する根本にある法意識も、この「情理」の考えだと言っていいでしょう。

ですから朴槿恵氏は「真実は必ず明らかになると信じている」と言って立ち向かっていますが、その「真実」はいったい誰が決めるのかということになります。

櫻井　国際社会では「法律に基づいて正しい」「事実だから正しい」という考え方をしますが、韓国では、法律も事実も二の次になってしまう。言い換えれば、支離滅裂ということになりませんか。

呉　いまの韓国では「情理」が「国民情緒の大勢」になっていますから、最終的に、真実はその時々の国民情緒のあり方によって大きく動かされることになります。今回の朴槿恵氏の弾劾でも、改めてそれが浮き彫りになりました。これまで日本に対しても、戦時中の慰安婦問題や強制徴用問題など様々なことを言ってきましたが、それも「国民情緒の大勢」で動くことが「情理」だからなのです。

櫻井　彼女は大統領就任当初、日本に対して非常に厳しかったですね。一方、中国に対しては、理解できないほど親しみを感じていました。歴史認識問題で、日本側の主張にはまったく聞く耳を持たない感じでしたが、自身が国民情緒によって倒されたいま、もっと事実を見なくてはならないと思っているでしょうか。

呉　自身が罷免されたとき、「真実は必ず明らかになる」と反発していますが、韓国社会が近代的な法律で動いているわけではないということは、誰よりも朴槿恵氏がよくわかっているはずです。いずれにしても、いまの韓国では「民の声こそが天の声」ですから、「民の声が変わる」ことで、真実が明らかになるのだと、そう思うしかないわけです。

倒れた人に石を投げる伝統

櫻井　朴槿恵氏はこれからどうなりますか。

呉　逮捕されるしかないでしょう。世論調査で国民の七〇％以上が逮捕賛成だということからすれば、それが国民情緒の大勢であり、その結果を、つまり彼女が逮捕される姿を国民は見たいのです。

櫻井　逮捕されて、罪人になり、打ちひしがれている姿を、韓国の国民は見たいのですか。

呉　そうです。「礼」というものがそうであるように、表に見える形で示されること、韓国ではこれが重要です。韓国人にとって大統領とは特に聖人君子たるべき者です。正しい姿でなければならないのです。それが今回、大統領が不正な者、不浄な者になってしまった。そのことをはっきりした姿・形としても示すことで正していかなければ、正しい国家の姿は戻ってこない。こういう国民情緒があります。理が情になっている、情が理になっている、それが国民情緒のあり方です。

櫻井　歴代大統領は皆、権力を手放した途端に、「お前は正しくなかった」と言われますね。

呉　徳を失った指導者は天命により新たな徳ある指導者と交代する、これが儒教に言う革命です。その際、前指導者は当然「悪」として断罪すべき者となります。正しくない者を断罪し潰そうとしたとき、韓国人は徹底的に潰しにいきます。そこでは誰もが絶対正義の立場に立とうとしますから、あるいはそうしなければ不正義とみなされますから、いまの韓国の言論界をみると、朴槿恵氏を擁護する論調は、ほとんど聞こ

韓国の主な大統領

名　前	在任期間	その後
李 承 晩(イスンマン)	1948〜1960年	亡命
朴 正 煕(パクチョンヒ)	1963〜1979年	暗殺
全 斗 煥(チョンドファン)	1980〜1988年	逮捕
盧 泰 愚(ノテウ)	1988〜1993年	逮捕
金 泳 三(キムヨンサム)	1993〜1998年	親族が逮捕
金 大 中(キムデジュン)	1998〜2003年	親族が逮捕
盧 武 鉉(ノムヒョン)	2003〜2008年	自殺
李 明 博(イミョンバク)	2008〜2013年	親族が逮捕
朴 槿 恵(パククネ)	2013〜2016年	逮捕

えてきません。

櫻井　それが事実なら不思議ですが、韓国の保守派は朴氏を擁護しているのではありませんか。街頭でも大規模デモをしていますよ。ただ、メディアがそれを報道しないために、保守派の朴氏擁護論があまり聞こえてこないのではないですか。

呉　日本人の場合は、言論にバランスを取ろうとします。

櫻井　その日本ですが、たとえば学校法人森友学園の国有地取得問題では、国会の議論をみると、日本も韓国に近くなってきたのではないかと感じます。感情に流されている。別の言い方をすると、ポピュリズムというのでしょうか。この言葉を日本語に訳すとき、どんな表現がよいのか悩みますが、私はこれを人民主義に置き換えるのが最も適合しているのではないかと思います。

呉　ポピュリズム、人民主義はよくないですね。ただ日本では、韓国のように「民の声こそ天の声」とはならないでしょう。日本の場合は、一般的には、その人が悪い人であっても、擁護する人が必ず出てきます。なぜなら、「一〇〇％の悪」という観点は日本にはないからです。

櫻井　日本には「判官びいき」という言葉があります。「惻隠《そくいん》の情」という言葉も広く使われます。そのような考えは韓国にはないのですか。

呉　倒れた人の後ろから石を投げるのが韓国の社会であり、伝統です。

櫻井　水に落ちた犬はもっと叩けというわけですね。大変な社会なんだ……。

呉　悪を叩くことこそがより人間的であり、善なる主張の強い持ち主だといった感じです。

善悪は日本のように相対的なものではなく、絶対的なものですから、聖人君子が不正な者になったときは、完膚なきまでに叩きのめさなくてはならない。不浄な者が踏みにじられ、排除される姿をこの目で見ないと気が済まないのです。誰かが擁護しよ

２０１６年１１月１２日、ソウル中心部で朴槿恵大統領の退陣を求める大規模集会が行われた。２０００年以降最大の抗議集会

うすると、大変なことになります。

櫻井　次の大統領候補には、最大野党「共に民主党」の文在寅《ムンジェイン》氏、安熙正《アンヒジョン》氏、第二野党「国民の党」の安哲秀《アンチョルス》氏の名前が挙がっています。

中でも最も多くの支持を集めているのが文在寅氏（編集註／「共に民主党」の公認候補に選出）です。二〇一二年の前回大統領選で、朴槿恵氏に僅差で敗れた人物ですね。盧武鉉氏の腹心として知られ、盧武鉉政権（二〇〇三年〜二〇〇八年）では大統領秘書室長、日本の官房長官に相当する役職を務めました。

文在寅氏は、見方によってはとんでもない人物で、二〇一六年一〇月には北朝鮮との「内通した」ことが暴露されています。秘書室長だった二〇〇七年、文在寅氏は国連の北朝鮮人権決議案について採択前に北朝鮮に意見を求め、北朝鮮から賛成するなと指示されて、その通りに棄権を決めた。これは当時の外交通商部長官が回顧録で明らかにしています。

次に支持されているのが安熙正氏ですが、この人も左翼です。安哲秀氏はＩＴの分野での起業家です。元々政治的な人物ではありませんが、いま、人民主義の風潮の中で左翼的な主張も行っています。有力候補者は皆、左翼です。韓国の政治がこのまま

共に左派。安哲秀氏（手前）と文在寅氏
（２０１７年4月１２日）

の形でずっと五月まで行くとは思えませんが、現時点では、やはり文在寅氏が勝つと思われますね。

呉　特別なことがない限り、文在寅氏が大統領になると思います。

櫻井　盧武鉉政権の幹部で、非常に親北朝鮮的な文在寅氏は、当然ですが、反日で、親中国です。筋金入りの左派です。もし大統領になったら、どんな政策を取るのか、想像するだに厄介ですね。

呉　まずは積極的に親北朝鮮的な政策を取るでしょう。朴槿恵氏を含めて、現在の韓国の政治家はみな大局的には親北だと言えますが、文在寅氏は中でも最も積極的な親北政治家だということです。自ら、核廃棄は求めるけれど、それとは別に北朝鮮と積極的な対話を深めていくと述べています。核実験やミサイル発射を行おうとも、「対立しても始まらない」「対話することが大切だ」という姿勢を取るでしょう。「北朝鮮を追い詰めると危険だ、だから柔軟に対話していく方がいい」という声や、「同じ民族に核を使うはずがない」という声も大きく、親北派の勢力を強めています。

櫻井　文在寅氏のあまりにも北朝鮮に近い政策に多くの韓国人が不安を抱いていますね。ところで、米韓同盟は継続すると思いますか。

呉　韓国側は継続したいはずです。それがなければ、北朝鮮の言うがままになるしかなくなります。文在寅氏にしても、北朝鮮に吸収されたいと思っているわけではありません。

櫻井　二〇一七年三月、日本と韓国、中国を歴訪したアメリカのレックス・ティラーソン国務長官は、岸田文雄外務大臣との共同記者会見で、対北朝鮮政策について「北朝鮮に対してアメリカは二〇年にわたり失敗したアプローチを取ってきた」と断じ、「新しいアプローチが必要だ」と述べました。これは、核やミサイルを持つまで甘やかしたのは間違いだったという意味でしょう。また、韓国での記者会見でティラーソン国務長官は、バラク・オバマ前政権が掲げた対北朝鮮の「戦略的忍耐」政策を全否定し、北朝鮮の核・ミサイル施設への先制攻撃や韓国への戦術核再配備など「あらゆる選択肢」の行使を明言しました。

これはものすごく大きな変化です。文在寅氏が北朝鮮と対話するとなると、こうしたアメリカの決意とは、まったく相容れなくなってしまいます。

「我々」が中心になる経済圏構想

呉 文在寅氏は「北朝鮮は我々の問題だ」と言っています。北朝鮮問題は、我々が解決すべき問題であるという意味です。

「我々」というのは、韓国と北朝鮮。「我が民族」ということです。我が民族を我々が助けなければならない。何があっても対立してはならない。だから対話していかなければならない。

文在寅氏は、このような考えを持っており、最終的には南北の統一を目指しています。

櫻井 どのような形で統一するつもりなのでしょうか。

呉 文在寅氏は「経済統一論」です。文氏は二〇一五年、光復七〇周年にあたって経済統一構想と「韓半島の新経済地図」を提示しました。

櫻井 経済を軸にして南北を統一するということですか。

呉 そうです。その基本は盧武鉉政権の構想にあり、朴槿恵氏もそれを基本的に受け継ぐ形で「ユーラシア・イニシアチブ」構想を打ち出して政策を展開しました。そこでは、「統一は大当たり」だとして、いわば「南北経済統一プロジェクト」への積極的な姿勢を取っていきました。経済的な統一から政治的な統一へという統一論は、すでに韓国の基本となっています。

文氏は「韓国経済の唯一の活路は北朝鮮と経済共同体をつくること」だと言っています。いま北朝鮮は、どちらかというと中国に頼っていますが、それではいけない、もっと韓国に頼るようにしなくてはならないと、そのような考え方です。

櫻井　一九九〇年に東西ドイツが統一されたとき、旧東ドイツは経済的に貧しかったため、旧西ドイツの財政負担は巨額となり、長期にわたって経済は停滞しました。

韓国の人が文在寅氏を大統領に選び、経済統一に向かえば、北朝鮮を経済的に引き受けなくてはなりません。北朝鮮は潰れそうな国なのですから、その負担はドイツの比ではないでしょう。韓国は北朝鮮よりはるかに繁栄していますが、やはり二五〇〇万人を極貧から救い出し、北朝鮮を盛り返すのは大変なことでしょう。統一は民族として成し遂げるべきだと、私も思います。ただ、韓国の国民がきちんと現実を認識してそこまで考えたうえで文在寅氏を支持しているのでしょうか。

呉　ドイツのような完全な統合を先行させるのではなく、文在寅氏の構想は、政治的な統一の前に、まずは経済共同体を作ろうというものです。これを中軸として、韓国、北朝鮮、中国をつなぐ「新経済地図」を実現させていこうというものです。「新経済地図」は二つの経済圏からなっています。その一つは「環東海経済圏」です。環東海経済圏とは、「東海」を真ん中にして、韓国の釜山と北朝鮮の羅津《ラジン》、ロシアのウラジオストク、日本の新潟とを結ぶ経済圏を作るという構想です。

櫻井　「東海」は日本海ですね。韓国が「東海」と勝手に呼んでいます。

呉　そうです。ですから日本では「環日本海経済圏」と呼んでいますが、韓国では「環東海経済圏」と呼んでいます。

この経済圏構想について、たとえば二〇一四年八月一二日の韓国紙「中央日報」〈日本語版〉は「韓半島統一が周辺国に与えるもの」と題するコラムで、〈ロシアのガス・エネルギー資源と日本の先端技術、韓国の造船・製鉄・石油化学産業の力量が羅津・先鋒《ソンボン》・ウラジオストク地域と結びつけば、世界的に競争力のある製品が生産されることで北極航路やシベリア横断鉄道を通じて世界最大市場の欧州に直接連結されるだろう〉と解説しています。

「新経済地図」のもう一つの経済圏は「環黄海経済圏」です。これは黄海を真ん中に、北朝鮮の南浦《ナムポ》、海州《ヘジュ》、開城《ケソン》、韓国の仁川《インチョン》、木浦《モッポ》、そして中国の上海を結ぶ経済

文在寅氏が描く「二つの経済圏」

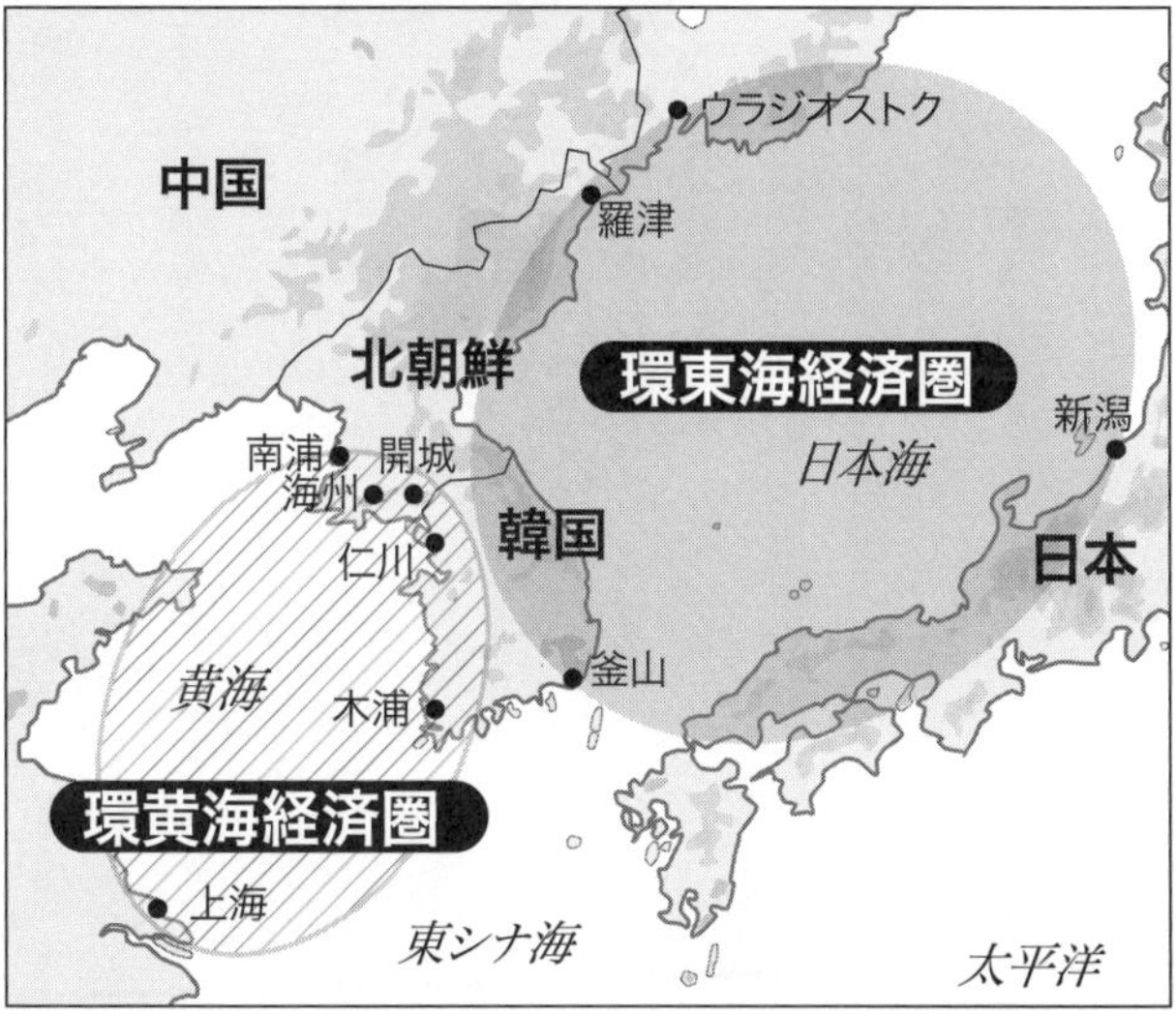

圏構想です。

この二つの経済圏を作れば、朝鮮半島は経済の中心になるという考え方です。そのためには、釜山から大陸を結ぶ鉄道の線路を作る必要があります。

櫻井　釜山から北上する線路を敷くということですね。

呉　文氏はこのような経済圏で、北朝鮮との経済的統一を目指していく考えです。

「親北政策」の背後に中国

櫻井　文在寅氏が掲げる二つの経済圏構想をみて、私はすぐに

「背後に中国がいる」と思いました。

いまでも日本海には、北朝鮮籍の船が何百隻も来ています。これらは船籍こそ北朝鮮ですが、実際は中国が基本的に二年契約でチャーターした船です。中国がオペレーターなのです。そのような船が、何百隻も日本海にいて、荷物を積んで北朝鮮の羅津に運び、北朝鮮からは石炭などの物資を中国に運んでいます。つまり輸入しているのです。

先ほど善花さんは、北朝鮮は中国に依存していると指摘されましたが、実際に中国はこのような形で北朝鮮を支援しています。ミサイル実験を理由に、中国は北朝鮮からの石炭輸入を止めると言いましたが、止めたとしても、何百隻もの船が行き来しているため、北朝鮮は潰れません。いまも北朝鮮は中国に支えられているのです。

呉　その通りです。

櫻井　もし文在寅氏が大統領になったら、彼が考えるこれら二つの経済圏を本当に作れるかどうかは別にして、そのような方向で北朝鮮を抱き止めていくということですね。ということは、韓国がイニシアチブを握って北朝鮮を助ける形ですが、実際にその後ろにいるのは、中国だと考えてよいでしょ。

呉　そうだと思います。朴槿恵氏の「ユーラシア・イニシアチブ」もそうですが、文在寅氏の「新経済地図」構想は、明らかにロシア・プーチン大統領主唱の「ユーラシア経済連合」と中国・習近平主席提案の「シルクロード経済ベルト」構想（一帯一路）に呼応したものなのですね。

環黄海経済圏では、その中に含まれる北朝鮮の「開城工業団地」が核心の産業地となりますが、その再開も文在寅氏の念頭にあるでしょう。

ご存じの通り、開城工業団地は金大中大統領の時代の二〇〇〇年に始まった対北朝鮮の融和路線「太陽政策」の象徴です。二〇〇〇年八月、北朝鮮の金正日総書記と韓国の現代グループの鄭夢憲会長が経済特別区の開発で合意し、南北間の経済協力事業として南北軍事境界線から北方にわずか一〇キロの場所に巨大な工業団地が造成されました。

二〇〇四年に操業を開始して、繊維、衣類、電気、電子など一二四の韓国企業の工場で約五万五〇〇〇人の北朝鮮労働者が働き、二〇一五年（一～一一月）の生産額は約五億ドル（当時のレートで約六〇〇億円）。北朝鮮にとって貴重な収入源となっていました。

ところが二〇一六年一月、北朝鮮が四回目の核実験を行ったことから、韓国政府は独自制裁措置として翌二月に開城工業団地の全面的な稼働中断を決めました。

文在寅氏は、環黄海経済圏の一環として、この工業団地を再開したいと考えています。大統領になったら、すぐに再開すると思います。

このような文在寅氏の考え方は、理想としてはよいのでしょうが、そう簡単に実現できるものではありません。彼自身は、「大韓民国は北東アジアの経済ハブになる」「朝鮮半島の経済に奇跡を起こす」などと言っています。まあ、大風呂敷を広げたといったらいいか、大言壮語といったらいいか、大きな理念、壮大な構想、夢のような話が大好きな韓国人には、こういうのがとてもうけるのです。

櫻井　朴正熙政権時代（一九六三年～一九七九年）に、韓国は高度成長を遂げ、それは「漢江《ハンガン》の奇跡」と呼ばれました。文在寅氏は、同じように経済成長を狙っており、それを今度は北朝鮮を巻き込んでやりたいと考えているわけだ。

呉　そうです。そして北東アジアの中心になりたいと考えているのです。これはかつての盧武鉉大統領の政策とまったく同じです。これからは北東アジアが世界経済の中心になり、朝鮮半島がその一番真ん中にある、だから我々が中心となって経済を活性化させていくことができるというわけです。

櫻井　恐らく実現しないであろうバラ色の夢を、文在寅氏は描いているのですね。彼は北朝鮮の核問題について、どんな発言をしていますか。

呉　文在寅氏は、北朝鮮の核開発について怒っていることは怒っています。けれども、「北朝鮮は追い詰められている。だから威嚇してくるのだ」というのが、彼の基本的な現状認識です。

櫻井　なるほど。アメリカなどこちら側が追い詰めるから核を持つのであり、北朝鮮に核を放棄させようと圧力をかけるよりは、まずはこちら側が反省しなさいという姿勢ですね。

呉　何をされようとも、戦うより対話、融和政策を取るべきだと言っています。

櫻井　まるで日本国憲法みたいな考え方ですね。戦ってはなりません、「平和」ですよと（笑）。

呉　後の章で詳しくお話ししますが、韓国人の北朝鮮に対する国民情緒がそうなってしまっているのです。そして韓国人は、先にも言いましたように、たとえ北朝鮮が核ミサイルを発射するようなことがあっても、自分たちに向けて撃ってくることはないだろうと、甘い考えを持っています。

「三八度線」が対馬海峡まで下がる

櫻井　では、韓国人は北朝鮮の核ミサイルはどこに向けて発射されると考えているのですか。

呉　日本かアメリカしかないというものです。

櫻井　北朝鮮は、アメリカまで長距離弾道ミサイルを飛ばせると言っていますが、ミサイルの上に小型の核兵器を搭載する段階にまではまだ至っていないと、専門家は見ています。

二〇一七年三月に四発の弾道ミサイルを発射したときには、北朝鮮は国営メディア「朝鮮中央通信」を通じて「在日米軍基地の攻撃を担う朝鮮人民軍がミサイル発射訓練を実施し、金正恩労働党委員長が立ち会った」と発表しました。

北朝鮮の本当のターゲットは在日米軍基地なのです。つまり、標的は日本であり、文在寅氏も、韓国ではないと思い込んでいるのでしょう。日米韓よりも北朝鮮を正しいとする視点は、日本にとっては受け入れられない。許し難い見方です。

呉　韓国人は北朝鮮に対して本当に甘くなってしまっています。北朝鮮は「我々」であり、日本人は「奴ら」だという気持ちがますます強くなっているからです。

櫻井　我々と奴ら、なのね。

呉　先にも言いましたが、我々というのは「我が民族」なのです。特に文在寅氏は、「我々」という言葉を極めて多く使っています。

櫻井　韓国は二つの経済圏を作って北朝鮮を受け止める。北朝鮮の発展を助ける。開城工業団地を再開する。核を持っているのはこちら側が北朝鮮を追いつめるからであって、仕方がない。悪いのは日米韓だ。すると経済を軸に統一政府を作るとなったとき、次のような結果になりませんか。統一政府は南北が同等の立場で作ることになりますから、物事を決定するとき、すべて北朝鮮の意向通りになります。つまり、現在、韓国人の半分が親北朝鮮だと見てよい現実があります。北朝鮮は全員が北朝鮮側ですから、三対一の割合で、北朝鮮の言うことが通ることになる。

経済が軸であろうがなかろうが、統一政府は北朝鮮が現実に韓国を飲み込んでしまう構図です。これはまさしく北朝鮮の金正日総書記などが思い描いてきたことでしょう。文在寅氏が唱えていることも、基本的には同じだと考えてよいのでしょうか。

呉　そうではないでしょう。融和政策を取りながら、彼の社会民主主義的な考えをもって韓国的な統一をしたいと考えているはずです。しかし、それはうまくいかない。

櫻井　文在寅氏はアメリカ軍の最新鋭迎撃システム「高高度防衛ミサイル（THAAD）」の韓国への配備についても、見直しを示唆しています。韓国へのTHAAD配備には、中国が反発していますが、これを取っ払ってしまう可能性もある。そして二〇一五年末に日韓間でなされた慰安婦問題の合意は白紙に戻し、日本と再交渉すると言っています。

新政権がそのような政策を取るとすると、米韓関係も悪くなり、日韓関係はますます悪化します。日米との距離は遠くなり、北朝鮮・中国側に行ってしまうことになります。

呉　朴槿恵氏がそうだったように、文在寅政権が成立したならば、韓国は中国側に立つでしょう。中国にとっては喜ばしいことでしょう。北朝鮮も喜ぶと思います。

櫻井　そうすると、いままでは朝鮮半島のほぼ真ん中に引かれている三八度線が南北の境界でしたが、北朝鮮勢力が三八度線から釜山の南まで下がってくることになる。

対馬海峡に北朝鮮勢力と日本とが対峙《たいじ》する線が引かれることになります。これは大変なことです。

呉　新政権がバランスを欠いて中国に飲み込まれ、南北ともに中国の属国化していく流れが生じれば、現実にそうなるかもしれません。

文在寅も朴槿恵も親北は同じ

櫻井　大韓民国は北朝鮮と同化して、引きずり込まれて、事実上なくなるというシナリオも考えておいた方がよいのでしょうか。

呉　そう簡単に消えてなくなることはないと思いますが、未曾有の混乱に陥ることは明らかです。韓国の経済状況に目をやると、貧富の格差は激しく、財閥は揺れています。財閥を解体したいというのが文在寅氏の考えでしょうが、これも盧武鉉政権が試みて失敗したことです。しかもいま、韓国企業の大半は外資なので、解体することは難しい。

櫻井　かなりの中国資本が入っていますね。

呉　アメリカ資本も入っているため、簡単に解体することはできません。海外資本が韓国から脱出するなら財閥は解体するでしょうが、それでは韓国経済そのものが解体してしまいます。海外資本の韓国離れの方が、韓国にはいっそうの危機です。ですから、極端なアメリカ離れはできないわけです。

櫻井　そうすると、文在寅氏は「口先男」という感じになって、経済構想などを打ち上げてもうまくいかず、韓国は求心力を失ってバラバラになりますね。

一方の北朝鮮には、金正恩委員長という、常識では考えられないことを次々と行っていく人物がいます。彼は、彼らの言う南朝鮮、つまり韓国を解放して我々の下に統合するのだという、祖父、父から三代続く執念を持っています。そのような北朝鮮の勢力が韓国まで浸透してくる。貧乏で潰れてしまいそうな北朝鮮の政権に、韓国が牛耳られてしまうことも考えなくてはならないでしょう。

呉　韓国には親北ではなく従北勢力があります。仮に従北勢力が大勢となったとすれば、それも考えておかなければなりませんが、文在寅氏は、韓国主導での統一にかなり自信を持っているようです。

櫻井　文在寅氏は金正恩委員長に対して、どのような考えを持っているのでしょうか。

呉　文在寅氏は、金正恩委員長を正統な北朝鮮指導者として認めています。「北朝鮮の責任者が金正恩委員長であることは間違いないのだから、それを認めた上で、私たちは考えていかなくてはならない」ということを盛んに言っています。

櫻井　金正恩委員長がどのような人物であったとしても、対立していては何も進まない、だから話し合うということですか。

呉　そうです。北朝鮮側からすると文在寅氏は、うれしいことを言ってくれる人なのです。

櫻井　文在寅氏の政策と朴槿恵政権の政策に違いはありますか。

呉　朴槿恵政権が北の核廃棄を対話の条件としたことを除けば、ほとんど変わりがないといってよいでしょう。文在寅氏は、朴槿恵政権のユーラシア・イニシアチブと自分の「新経済地図」構想に変わりはない、と発言しています。

櫻井　文在寅氏が掲げる二つの経済圏構想のことですね。端的に言えば、朴槿恵氏も文在寅氏と同じくらい親北朝鮮だったということですね。

呉　そうです。日本人はそこがわかっていなかったのです。

櫻井　でも、朴槿恵氏は核開発については北朝鮮に対して厳しかったのではないですか。「核開発をやめなさい。さもなくば経済援助を止めるぞ」とはっきり言っていました。

呉　朴槿恵政権のときは、「核を放棄すれば援助します」というスタンスでした。それに対し、文在寅氏は「無条件に援助します」という姿勢です。それだけが二人の違いであり、親北朝鮮であることは変わりありません。なぜなら国民情緒が親北朝鮮なので、国の指導者でさえ、国民情緒に従わなければならない状況だからです。

韓国の大半の人はすでに、親北朝鮮になってしまっています。盧武鉉政権の時代から「親北」化してしまったので、その後、世論の動向を気にする政治指導者が「反北」を強く打ち出すのは至難の業なのです。そのため、朴槿恵氏も親北朝鮮の立場を取りました。

櫻井　北朝鮮に対して、核開発をやめれば経済援助をすると言ったのが朴槿恵氏であり、核兵器がどうであれ、援助すると言ったのが文在寅氏ということですね。その点は違うけれども、基本的には同じ考えを持つ政治家だ。日本は朴槿恵氏に対しても幻想を抱いていたと。

呉　そうです。ただ、文在寅氏は「朴槿恵氏は口先だけで何も実現しなかった。私が実現させる」と朴槿恵氏を批判しています。

「ウリ」に血が騒ぐ韓国人

櫻井　北朝鮮の金王朝はあまりにも庶民に対して残酷な政治を行っています。韓国のリーダーや国民は、そのような北朝鮮に対しては融和的な考えを持つ一方で、なぜ日本に対して、あれほど過激な「反日」になるのでしょうか。

呉　先ほども触れた「我々」という考え方が根本にあります。

櫻井　「我々」というのは、朝鮮民族のことでしたね。

呉　そうです。「我々」は韓国語で「ウリ」と言いますが、血が騒ぐというくらい韓国人は、この「ウリ」が好きなのです。

北朝鮮も、政治体制こそ違うけれど、血はつながっている。北の人たちと結束したいという考えがあります。これも情緒的です。

その一方で、「ウリ」ではない、血のつながっていない異民族となると、本来、朝鮮半島以外の国々に住む人はすべて該当するはずですが、なぜか日本だけがそうした異民族として強く意識されてしまいます。日本人のことを軽蔑した言い方で「イルボ

ンノム（日本人奴）」と言いますが、ノムとは、まあ最低の人間といったところなので
すね。

櫻井　なるほど。「我々」に反するもの、それは日本だということですね。中国も異
民族ですが、中国に対してそういう意識はない。

呉　そうです。

櫻井　韓国の「反日」思想の背景として、次の四つを挙げてみました。

一、儒教の影響による「日本は野蛮」観

二、日韓併合による同化政策への「恨《ハン》」

三、全斗煥政権時代、日本に六〇億ドル支援を要請し、拒絶された「恨」

四、北朝鮮の対南工作が「イデオロギー」から「民族」へ変化

一つ目は「儒教の影響」です。先ほど儒教の話が出ましたが、韓国は中華文明とい
う大きな秩序の中にあり、中国がトップで、韓国がその下にいて、日本はそのずっと
下にいる。中国から遠い日本は野蛮であり、文明などは朝鮮が教えてあげたのだとい
う考え方から、日本人を馬鹿にします。

呉　そうですね。儒教の中でも、後からできた朱子学により中華思想による秩序が強

化され、「小国は大国に事《つか》えるをよしとする」、つまり中国に属することを誇りとする「事大主義」という考え方も生まれました。朝鮮半島にとっての世界では、中国、朝鮮半島、日本の順番になるのです。

櫻井　日本は最も下のランクにいる。だから馬鹿にしているのですね。

呉　しかも、島というのは、韓国人にとっては未開で、非文明的なイメージがあるので、日本に対してはそのようなイメージを持っています。韓国では陸地（半島本体）と島をはっきり区別しています。もちろん陸地が文明の地、島は辺境の未開の地、という価値付けです。

櫻井　イギリスも島ですけれども。

そして、「反日」の背景の二つ目は、日韓併合による同化政策です。「野蛮な日本が韓国を併合した」ということなのでしょう。しかも同化政策で、日本語を教えたり、日本風の規律正しい生活を教えたりしたことに対して、韓国人には恨みつらみがあります。

呉　不愉快に感じていますね。ただし、同化政策について日本人は、朝鮮の人も自分たちと同じように同等に扱うことだと考えていますよね。

櫻井　その通りです。

呉　だから当時の日本人は、朝鮮の人々に対して自分たちと同じように教育を与え、巨費を投じて大規模な土地改良や交通・通信設備の整備、近代工場や大規模水力発電所の建設など社会インフラの整備を広く行いました。しかし、日本が韓国を同化しようとしたという理由で、いま韓国人は日本を恨んでいるのです。

いつも朝鮮問題に巻き込まれてきた日本

櫻井　「反日」の背景の三つ目は、全斗煥政権（一九八〇年〜一九八八年）の八年間にあります。一九八一年、アメリカではロナルド・レーガン大統領が誕生し、当時のソ連を「悪の帝国」と呼んで、軍拡路線に走りました。

それを見た全斗煥大統領は、北朝鮮と対峙するためには、韓国も軍事的に強くならなくてはならないと考えました。そして総額二〇〇億ドルの軍事拡大計画を作り、その約三分の一に当たる六〇億ドルを日本に支援してくれと頼んできたのです。

しかし、日本が他国の軍事拡大に資金を出せるわけがありません。拒絶しました。するとと全斗煥大統領は、恨みを持って反日に転じたのです。一九八二年には、日本で教科書書き換え問題も起きました。教科書検定で中国・華北への「侵略」が「進出」に書き改められたと報道された。結局、これはまったくの誤報で、そんな事実はなかったのですが、マスコミはこぞって書きたて、中国や韓国の反発を招きました。

呉　そうですね。韓国が反日に走るようになったのは、このときからと言えます。

櫻井　全斗煥政権はこれを外交問題化し、改めて経済支援を迫りました。結果として翌八三年、ときの中曽根康弘政権が四〇億ドルの借款を表明しました。

四つ目の背景は、北朝鮮の対南工作の変化です。

北朝鮮は韓国の反日意識を利用して、激しい工作を仕掛けました。一九八〇年代当時は、社会主義や共産主義が勢いを失くしていた時期です。そのため、イデオロギーを軸に闘争する路線から、先ほどお話にあった「ウリ」「我が民族」を軸に据えた工作を仕掛けた。これらが、とどのつまり、日本を悪者にしてすべてを丸く収めるという反日思想の背景にあるのではないかと、これは、朝鮮問題専門家の西岡力氏らが指摘しています。

呉　私は教育の問題が大きいと考えていますが、反日教育自体は戦後ずっと行われ、一九六三年～一九七九年の朴正熙政権でも強烈に行っていましたし、私もその教育を受けました。その後、全斗煥政権も反日教育を強化した。とりわけ反日色が強まったのは一九九三年～一九九八年の金泳三政権からです。

櫻井　本当にそうですね。金泳三氏は非常に反日的でしたね。

呉　慰安婦問題を韓国が強烈に打ち出すようになったのも、その頃からです。

櫻井　「日本のポルジャンモリ（でたらめ根性）を直してやる」と発言したのは金泳三氏でしたものね。

呉　そうです。そのような反日思想で、日本の「香り」のするものは、すべて潰していきました。旧朝鮮総督府の庁舎も、金泳三政権時代の一九九五年に爆破・解体されました。

日本統治時代、日本人は朝鮮半島にたくさんの桜の木を植えましたが、桜も日本の香りがするということで、金泳三政権時代、すべてではありませんが、かなりの数を伐《き》ったのです。

櫻井　桜に罪はないのに。

呉　私が通っていた済州島の海辺の村の小学校にも、桜の木がたくさんあって、毎年きれいな桜が咲いていていましたが、全部伐られてしまいました。

そのような金泳三政権から金大中政権（一九九八年～二〇〇三年）になって、ますます反日傾向は強まりました。続く盧武鉉政権になると、「ウリ」「我が民族」という考えから、韓国人の親北化はいっそう進みました。

櫻井　竹島の領土問題がいまのように深刻になってしまったのは、金泳三政権の時代からです。それ以前は日韓両国が竹島の領有権を主張していて、解決できないから、お互い何もしないでおこうという暗黙の合意がありました。にもかかわらず、竹島に様々な建築物を造り始めたのが金泳三政権の時代でした。

呉　そうでしたね。

櫻井　いまお話ししてきた「反日」の背景、韓国の親北化については、そのカラクリを後の章で詳しく分析していきますが、なぜいまその分析が必要なのか。

日本の歴史を振り返ってみますと、七世紀に起きた白村江の戦いも朝鮮半島の問題でした。一三世紀、鎌倉時代の元寇のときも、元軍が襲ってきたとは言いますが、実際に日本に襲来したのは、朝鮮半島で元の属国だった高麗王国の軍が主体でした。

そして一八九四年の日清戦争、一九〇四年の日露戦争、いずれも朝鮮半島を舞台に戦ったのです。日本が対外的な争いに巻き込まれるときは、いつも朝鮮半島問題がありました。

いま、韓国が混迷し、北朝鮮が核実験を続け弾道ミサイルを打ち上げている。朝鮮半島が揺れていて、その後ろには中国がいる。もちろん、ロシアもアメリカもいます。そのような中で朝鮮半島が左翼政権に乗っ取られ、北朝鮮、もしくはその後ろにいる中国に乗っ取られる。それは日本にとっては悪夢です。

歴史が、繰り返されてしまうのか、懸念せざるを得ませんが、繰り返さないためにも、現実を知っておくことが大事です。

呉　日清戦争以前とよく似てきたとよく言われますが、朝鮮半島をめぐって起きた数々の争いの歴史を振り返り、いまの朝鮮半島情勢をみるにつけ、また日本が巻き込まれてしまうのではないかと危惧される状況です。

櫻井　国の運命はその国の意思だけで決まるわけではなく、国際情勢に否応なく影響されます。日本も朝鮮半島も、非常に危険な時代に突入していますね。

（二〇一七年三月二四日放送）

第2章

反日、親北、親中の理由

仏像を盗んでも「悪」ではない

櫻井　韓国紙「中央日報」は二〇一三年五月、広島、長崎への原爆投下を、日本軍国主義に対する〈神の懲罰であり人間の復讐だ〉と論評しました（コラム「安倍、丸太の復讐を忘れたか」、五月二〇日付）。また、二〇一二年八月には、当時の李明博《イミョンバク》大統領が島根県の竹島に不法上陸して、天皇陛下に対して謝罪を求めました。

李明博政権を継いだ朴槿恵《パククネ》氏は二〇一三年五月、就任後初の海外訪問先としてアメリカを訪れましたが、日本と協力関係を築かなければならないときに、日本批判を展開しました。歴史問題に限らず、安全保障問題に関連しても、韓国は合理的な考え方ができていません。なぜでしょうか。

国際社会は様々な国で成り立っているのですから、国々の主張が場合によっては大きく異なることを認め合わなくてはならない。にもかかわらず、それが韓国にできるのか。日本は今後、どのように韓国との外交を展開していけばよいのかと、考えざるを得ません。

呉善花さんは韓国でお生まれになって、いまは日本国籍をお取りになっている。いわば二つの祖国をお持ちで、日韓関係を論じるに当たり、これ以上の方はいらっしゃいません。いま日韓関係が非常に厳しい。日本人から見ると、韓国が原因を作っているように見えるのですが、いまの日韓関係についてどう思われますか。

呉 韓国では、日本で報道されている以上に反日感情が激しくなっています。特にテレビなどは、まず日本に対する反日感情を煽るような番組を放送しています。「安倍＝悪魔」という感じです。

櫻井 悪魔ですか。すごいですね。

庶民レベルの反日から見ていきたいのですが、二〇一二年一〇月、長崎県の対馬にある神社と寺から仏像が盗まれました。海神神社の国指定重要文化財「銅造如来立像」と、観音寺の県指定有形文化財「観世音菩薩坐像」です。韓国の窃盗団が盗み、韓国に持ち込んで売りさばこうとしました。

ところが韓国の裁判所は二〇一三年二月、簡単に言えば、「仏像は一四世紀に作られたものだから、日本が盗んだに違いない。返さなくてもよい」という判断を下しました。観音像をもともと所有していたと主張する韓国の浮石寺《プソク》の僧侶らが対馬を訪問し、「仏像は返せないから」と、たかだか八七〇円の寺のマスコット人形を持ってきて、これで我慢してくださいなどと言いました。

この件に対して、韓国の一般の人たちは問題視せず、当然だとみています。日本人の場合は、どのような事情があっても、盗んだ物は返すというのが庶民の常識ですが、庶民レベルでこのようなことが起きているのは、どういうことなのでしょうか（編集註／これら二つの仏像は日本政府が再三返還を求め、海神神社の像は二〇一五年七月に返還されたものの、観音寺の像は一七年一月、韓国の地裁が浮石寺に所有権があると判決。仏像を保管中の韓国政府が控訴している）。

呉　日本に対してはどんなことをしても、たとえ何かを盗んだとしても、悪いことにはならないということです。

そこには、かつて日本は韓国に対してひどいことをした、という前提があります。日本統治時代に教育も奪われた、言葉も奪われた、名前も奪われた、経済的にもひどいことをされたという前提があるので、たとえ何かを盗んでも日本に対してであれば「よくやった」と評価されるのです。「とんでもない」と批判されることはありません。

読み上げるのも嫌な論説委員コラム

櫻井　日本が統治時代に行ったことは、あとで詳しくお話しいただくとして、庶民だけではなく、言論人、知識人として活躍している人も、日本に対しては耳を疑うようなことを言いますね。

この章の冒頭で紹介した「中央日報」のコラム（二〇一三年五月二〇日）で金璉《キムジン》という論説委員は、安倍晋三総理が二〇一三年五月、東日本大震災で被災した宮城県東松島市を訪問した際のことに触れています。安倍総理は航空自衛隊の基地でアクロバット飛行チーム「ブルーインパルス」の練習機に試乗しましたが、その機体の番号がたまたま「七三一」でした。日本人は誰も気にしていませんでしたが、金氏はこの「七三一」を旧満州での日本の細菌戦研究部隊、七三一部隊にかこつけて、次のように書きました。

〈（前略）日本の広島と長崎に原子爆弾が落ちた。／これらの爆撃は神の懲罰であり人間の復讐だった。ドレスデンはナチに虐殺されたユダヤ人の復讐だった。広島と長崎は日本の軍国主義の犠牲になったアジア人の復讐だった。特に731部隊の生体実験に動員された丸太の復讐であった。（中略）日本に対する懲罰が足りないと判断す

るのも神の自由だろう〉

広島では原爆により、瞬時に一四万人以上の方が亡くなっていますし、長崎では八万人近くの方が亡くなっています。これは言語に絶する悲劇なのですね。それを「神の懲罰だ」と……。

呉　これはとんでもない記事です。しかし、この人は論説委員であるにもかかわらず、「個人の考え方」という弁明をするのです。

櫻井　実際に、そう弁明しました。

呉　しかし、いくらそう弁明しようと国際的には許されない発言です。

櫻井　同じ論説委員が二〇一三年四月二九日に——私はこの文字を読み上げるのも嫌なのですが——、次のように書いています。「昭和天皇を断罪すべき」と題したコラムです。

〈明成皇后の遺骨、丸太肉、南京で切断された中国人の頭、そして従軍慰安婦の血の涙を混ぜて〝怒りの矢〟を作る。安重根義士《アンジュングン》の銃弾と、その矢を安倍に送る〉

「明成皇后」とは閔妃《ミンピ》のことで、「丸太肉」とは人体実験された人間の肉のことですが、そのようなものを安倍総理に送ると書いているのです。これは言語道断です。一流紙と言われる「中央日報」のコラムで論説委員が書いている。善花さんが言われたように、個人の書いたことだと言っていますが、個人でも許されるものではないでしょう。また、論説委員の書くことは、新聞社の意見だと我々日本人は考えます。

呉　それは国際的にみても常識であり、「個人の考え方」と言っているのは恥なのですね。この論説委員は言ってはならないことを言っているのですが、日本に対してだけは、なぜか許されてしまう風潮が韓国にはあるのです。

櫻井　どうしてそうなのでしょうね。

日本に対してだけは「何でもあり」

呉　原爆投下が「神の懲罰」だと言うのであれば、たとえば、アメリカの九・一一同時多発テロはどのような罰なのかという話になるでしょう。あるいは朝鮮戦争は誰に対する罰になるのか。そのようなことを踏まえず、広島、長崎のことだけを「懲罰」だというのはおかしいでしょう。

ところが、これらは金璡論説委員だけでなく、韓国人の間では一般的に、お酒を飲みながら言われていることなのです。

櫻井　お酒を飲みながら……。

呉　そうです。一般的に言われていることです。しかし、それと新聞の論説委員が公で書くのとでは、意味が違ってきます。

櫻井　韓国人はお酒を飲むときに、原爆投下は日本人に対する神の懲罰だと、そのようなことを話しているのですか。

呉　お酒を飲みながら、普通に言っていますよ。

櫻井　それはいわゆる「恨」なのですか。私たち日本人は、韓国の一般の方も知識層も、そのような感情を抱いているということを、いま突きつけられています。

よい気持ちはしませんが、なぜ彼らがそう言うのかを理解したいのです。それを受け入れるかどうかはわかりませんが、なぜそのようなことを言われるのか知りたい。

呉　韓国人自身が性格的に激しい性分だということもあります。だから言葉も激しい……。

櫻井　確かに激しいですね。韓流ドラマを見ると、言葉の音の強さがすごい。女性でも男性でも怒鳴り合っているような音です。

呉　日本語には訳せないような悪口も日常的に言っています。相手を傷つけるような言葉も平気で言います。私も韓国にいた頃は日常的に同じようなきつい言葉を使っていましたし、逆に相手から何か言われて傷ついても、時間がたつと気にしなくなりました。

でも、最近は私も日本人的になっているので、韓国人と会ったり、韓国に行ったりすると心が傷だらけになります（笑）。一日でどれだけ傷だらけになるか。

このように韓国では、普通の生活の中でも、言葉が激しいという面はあります。しかし公の場で、しかも国際的な場では、他の国に対してさすがにそのようなことは言いません。ところが、日本に対してだけは、何を言ってもよいムードがあるのです。

大統領までもが反日

櫻井　そのムードの分析はあとでしてほしいのですが、日本人がびっくりするのは、民間だけではなく、国を代表する元首である大統領までもが、あまりにも国際常識と懸け離れた発言をするからです。

二〇一二年八月に当時の李明博大統領が竹島に不法上陸したときのことですが、李氏は〈「（天皇陛下が過去に表明した）『痛惜の念』などという単語一つを言いに来るのなら、訪韓の必要はない」〉（二〇一二年八月一五日付「産経新聞」）と、非常に失礼なことを言ったのです。大統領がですよ。

そして朴槿恵氏です。二〇一三年五月の訪米時のことですが、米韓首脳会談の席で、朴槿恵氏は当時のオバマ大統領に対し、「北東アジア地域の平和のためには日本が正しい歴史認識を持たなければならない」と言及しました。歴史問題について日本を名指しで批判したのです。韓国の大統領がアメリカ大統領に対し、日本の歴史認識に関して発言するのは異例のことです。

また、会談後の共同記者会見では、オバマ氏が北朝鮮の核問題などでの「日米韓」三カ国連携の重要性に言及したのに対し、朴槿恵氏は「中国、ロシアは北に大きな影響力を持つ」と応じました。

北朝鮮の核問題をめぐる六カ国協議のメンバーは、この両国とアメリカ、北朝鮮、韓国、日本です。朴槿恵氏は、そのうちあえて日本にだけ触れず、「米韓中」の連携を強調した。日本は外すというわけです。

安全保障問題で、韓国の目の前には北朝鮮の危機があります。北朝鮮の危機の後ろには、中国がいる。にもかかわらず、なぜ中国には批判の言葉の一つもなく、日本ばかりを責めるのか。歴史を振り返れば、中国は朝鮮半島に二〇〇〇回ほども侵略攻勢をかけているのではないですか。庶民からトップに至るまで、どうしてこうも反日なのか。善花さんは先ほど「日本に対しては何でもあり」と言われました。ここをどうしても謎解きしてほしいですね。

北朝鮮式「反日絶対主義」

呉　朴槿恵氏に反対する勢力には、左翼、親北派が多くいます。そして、彼女が当選した二〇一二年一二月の大統領選挙は、ぎりぎりの辛勝でした。

与党「セヌリ党」の朴槿恵氏の得票率が五一・五五％だったのに対し、対北融和路線「太陽政策」の再開を掲げた左派で親北の野党「民主統合党」（現「共に民主党」）の文在寅氏は、敗れたものの実に四八・〇二％の票を獲得したのです。

朴槿恵氏に投票しなかった約半数の国民は、左翼、親北朝鮮です。つまり、「反北」では票が得られない。政治生命を維持するために「親北」を取り込まなければならないのです。韓国社会の親北化は相当に拡がっていて、特に若い人ほど親北の傾向が強くなっています。

一方、朴槿恵氏の支持層は年配の方たちが中心です。ですから、彼女には若い人ほど「反朴槿恵」の傾向が強いというジレンマがあります。

もちろん、韓国内の保守派たちは頑張って何とか「反北」を維持しなければならない、「親北」の浸透を防がなければならないと考えています。ですが、この数が決定的に少なく力にならない。それで（二〇一三年の時点でも）与党内に「朴槿恵離れ」が起きています。

親北左派の「反日」は、韓国保守派の「反日」よりもさらに徹底した、北朝鮮式の「国内に親日派は一人たりとも存在させない」という「反日絶対主義」とほとんどイコールの「反日」です。金大中氏と盧武鉉氏が政権を担った一九九八年から二〇〇八年までの一〇年間に、韓国は親北朝鮮になってしまいました。

櫻井　左翼的になってしまった。

呉　そうです。保守派の「反日」は軟弱であるばかりか「表では反日、裏では親日」という見せかけの「反日」だ、それに対して北朝鮮の「反日」は裏表のない確固たる「反日」だということで、いまや韓国は北朝鮮とイコールの「反日」になっているのです。

朴槿恵氏は本来、親北派ではありません。しかし、約半分の韓国人、特に若い人は親北派になっていますから、朴槿恵氏は親北＝反日的な態度を取らなければ支持を得られない流れの中にいます。朴槿恵氏はそもそも、とくに強固な反日的人物ではなかったのかもしれませんが、強固な反日的態度を取らなければならない。わずかにでも軟弱だとか「裏では親日」だとか見なされては絶対にならないわけです。つまり、韓国の政治家としてあろうとする限り、朴槿恵氏もまた「反日」の枠から出ることがないのです。

櫻井　朴槿恵氏は、国民の支持を得るために、自分の気持ちの中では反日ではないのに、政治的な理由で反日の態度を取っているということもありますか。

呉　内心はいまの左翼よりは反日ではないはずです。しかし、親日ではありません。朴槿恵氏の父、朴正熙氏が親日家だったため、「朴槿恵大統領」が誕生した直後、日本国内では親日政権になるのではないかとの期待の声が多くありました。

櫻井　その通りですね。

呉　私は、それはないですよと言い続けてきました。というのは、朴正熙氏はその実は親日家だったでしょうが、内政面では親日政策など取ることもなく、国内では反日教育を行ったのです。反日教育を強烈に推進しました。そして、その教育を主に受けたのが、いまの六〇代以下の世代です。

朴槿恵氏は六一歳（編集註／番組放送当時）なので、自分の父の政権が行った反日教育を受けた方なのです。すると、家の中で父の影響をどれほど受けたのか、ということになります。朴槿恵氏の本からわかりますが、父親である朴正煕氏からは、反日的なことをたびたび言われたそうです。たとえば「日帝時代に国を奪われた悲しみは言うまでもなく、その時から我が民族も足を伸ばせるような豊かな暮らしを夢見ることになった」、「日帝時代と朝鮮戦争を通して世の中は困窮し、道端には物乞いが溢れている。人々は仕事を探し歩いたけれど仕事はなかった。失業者は多いが仕事は少なかった。農村の現実はさらに悲惨だった」といった趣旨の話をしていたようです。

また、朴槿恵氏は学校でも反日教育を受けたことになります。

ですから朴槿恵氏は、国民の一人として受けた学校教育から、反日的な歴史認識をもつことになったはずなのです。彼女の対日発言を見ますと、教科書に書かれている言葉がほぼそのまま語られることが多く、独自性はまったく見られません。

いまの韓国の六〇代以下の人たちは、日本人と接する機会もなく、学校教育によって反日感情を抱いていますが、大統領はその庶民レベルの反日感情と同レベルのものしか持っていない。これが朴槿恵氏であり、その前の大統領の李明博氏だということです。

「日本人＝悪魔」の教育を受けた

櫻井　善花さんも反日教育を受けて、日本に対する考え方は厳しかったと仰ってますね。

呉　はい。すごく反日的でした。

櫻井　たとえば、どういう教育を受けたのですか。

呉　本当に「日本人＝悪魔」のような教え方をされました。私たちは日本に言葉も文化も奪われ、経済的にも苦しめられ、強制的に連行されたというように、「日帝によって罪なき民族が悪逆非道の仕打ちを受けた歴史」のみを教えられるのです。それを子供の頃から植えつけられます。

そもそも、学校へ上がる前の私は、母の語る戦前の日本の思い出話とともに育ちました。一九六〇年前後のことです。母は戦前、父と共に日本で働いた頃のことを、日本人への親しみを込めてしばしば語ってくれたものでした。

私が育ったのは済州島の海村でしたが、村の人で日本人及び日本人をことさらに悪くいう人はいませんでした。村の祭りになると、私はしばしば、ムーダン（巫女）のおばさんの勧めで、母に教わったいくつかの日本語の単語を大人の前で披露してみせました。いつも拍手喝采で、ムーダンのおばさんからきまって、「よく知っているね、偉い子だね」と頭をなでられたものです。

櫻井　素敵な思い出ですね。

呉　ところがです。小学校に入り、学年を重ねていくにつれて、「日本人はいかに韓国人にひどいことをしたか」と教えられていったのです。

教室の黒板の上には、真ん中に当時の朴正熙大統領の写真が掲げられ、その両脇に「反共」「反日」と大きく書かれた標語が貼ってありました。反共の「共」はそのまま北朝鮮を指し、いかに北朝鮮が邪悪で恐ろしい国なのかを教わりました。その一方で、反日の「日」として、日本人がいかに韓国人に対して悪いことをしたかを教わるのです。

授業を通して、「父母たちの世代は土地を収奪された」「日本語教育を強制された」

「独立を主張して殺害された」「拷問を受けた」「強制徴用された」と知らされました。そのたびごとに、自分自身の身を汚されたかのような、言いようのない屈辱感、そして、そこから湧き起こる「決して許せない」「この恨みは決して忘れてはならない」という、ほとんど生理的な反応といえる怒り……。いま思いだしても身震いするほどです。

櫻井　当時の教科書の内容は、どのようなものだったのですか。

呉　詳しく覚えてはいませんが、基本は現在のものと大差はないと思います。近年の国定教科書では、〈(侵略戦争を遂行するために) 日帝は我々の物的・人的資源を略奪する一方、我が民族と民族文化を抹殺する政策を実施した〉として、それを「日帝の民族抹殺計画」と名づけています(「中学校国史教科書」一九九七年初版)。「民族抹殺」という言葉が情緒を強く刺激するのです。

この「日帝の民族抹殺計画」として挙げられているのは、次のようなことです。

「内鮮一体・皇国臣民化の名の下に、韓国人を日本人にして韓民族をなくそうとした」「韓国語を禁じ日本語の使用を強要した」「韓国の歴史の教育を禁じた」「日本式の姓と名の使用を強要した」「各地に神社を建てさせ参拝させた」「子供にまで『皇国臣民の誓詞』を覚えさせた」……。

櫻井　凄まじい。

呉　ええ。けれど、そう列挙されているだけで、具体的な内容は一切書かれていないのです。それは「高等学校国史教科書」も同じです。そのため、強く刺激された情緒が、知識の媒介をほとんど受けることなく、身体にストレートに浸透するのです。

小学校でも同様に、「日本によって民族が蹂躙された」「奴隷のように扱われた」「人間の尊厳に大きな傷を受けた」といった形で、反日教育が教室の中で行われています。幼い時期はより多感ですから、「ひどすぎる」「絶対に許せない」という思いで心がいっぱいになります。

もちろん、それは他人事《ひとごと》ではないからです。同じ血を分けた韓国人であり、お父さん、お母さん、おじいさん、おばあさんたちのことだから、自分がやられたのと同じ気持ちになってくる。我が身を切り裂かれるような辛く、苦しい気持ちになって、激しい怒りがこみあげてきます。何がそこまでさせたのか、同じ人間であるのになぜそれほど非情なのか、それは日本人にはそういう民族的な資質があるからだ……。そう思うしかない教育だったと思います。

「そうか、日本人はそんなに『侵略的で野蛮な民族的資質』をもつ者たちか」と、心の底から軽蔑の念が湧き上がってきます。

これは、もはや歴史教育ではなく、明らかな情緒教育です。歴史認識の以前に反日情緒、反日心情をしっかりと持つことが目指されているのです。

未開で野蛮な日本人

櫻井　善花さんの反日教育体験を伺いながら、アメリカで行われたある研究を思い浮かべていました。スタンフォード大学アジア太平洋研究センター（APARC）のダニエル・スナイダー研究副主幹がトップになって行われた、日本、アメリカ、韓国、中国、台湾の五つの高校歴史教科書の比較研究です。

一九三一年の満州事変から一九五一年のサンフランシスコ講和条約の締結までの期間を、これらの歴史教科書がどう記述しているか調べたものですが、三年間にわたって行われ、二〇一一年に正式に発表されました。

その報告書で、スナイダー氏は民族意識の高揚だけを意図している顕著な例として、韓国の教科書を挙げ、次のように報告しました。

「高校生に教えられる戦時中の叙述は、もっぱら日本の植民地統治下での人々の苛酷な体験と抵抗運動である」

韓国の記憶は「日本が自分たち（韓国）に行ったことだけ」に集中しているというのです。事実上そのことだけを教えている、非常に自己中心的な教科書だと分析されていました。先ほど善花さんは「日本人＝悪魔」のような教え方をされたと言われましたが、ちょうどこの分析と一致します。

呉　韓国では日韓の歴史は、だいたい三つの時代で教えられます。古代、秀吉時代、日本統治時代です。

中でも古代は韓国の優越意識のために重要です。古代は韓国の三国時代に当たりますが、学校では高句麗と新羅と百済の時代、朝鮮半島はとても輝いており、文化や文明があったと教えられます。たとえば仏教があり、漢字も入ってきて、三つの国が輝いていた時代だったというわけです。

ところが、その頃の日本列島を見ると、何もなかった。仏教もない。文字もない。このようなところから、私たちが彼らに文化や文明を教えてあげたのだという話が始まります。高度な技術も漢字も仏教もみんな我々が伝えてあげたのだと生徒に教える。教科書は、伝えて「あげた」という書き方なのです。文化も教えてあげた、文字も教えてあげた、仏教も伝えてあげた。そのおかげで、日本は未開の地だったが、やっと国らしき形になったということから日韓の歴史は始まります。

このような、「私たちはいかに優れていたか」という「辺境の野蛮人に対する最先端の文明人」の構図からなる民族優越意識が、韓国人の反日感情の底にはあります。これを知らなければ、韓国の反日感情はわかりません。子供から大人までの韓国人が、反日的なことを言うときには、必ず「未開で野蛮な日本人」という前提があります。日本統治時代の三六年間に日本にひどいことをやられたということだけではなく、「低いレベルの人たち」にやられたという悔しさが必ずあるのです。

だから私は、反日感情のことを「侮日」観と呼んでいます。韓国の反日感情のあり方は「侮日」観なのです。常に日本を自分たちよりも文明的・人間的に劣位にあると見ており、そのような日本人にやられたのが許せないということです。日本人には何を言っても失礼にはならないのです。

櫻井 文化も何もなかった時代の日本に、儒教・仏教・技術をはじめとする高度な文化を伝えてあげた「にもかかわらず」という気持ちですね。

呉　そうです。にもかかわらず、日本はその恩を忘れて、古代には「神功皇后による三韓征伐」や「任那日本府（日本による朝鮮の植民地）」があったなどの捏造記事を日本の国史に記載し、中世には豊臣秀吉による朝鮮侵略が行われ、近世末には国学者らにより韓国征伐論が唱導され、明治初期には政府内に征韓論が火を噴き、韓国の江華島に砲撃を加えて戦争を仕かけ（編集註／実際は韓国の砲撃に応戦）、明治末に韓国を併合して三六年にわたる暴力的な支配を行った――。

このように、歴史を連続させ、この流れを一連のものとみなして、その根本的な原因を「日本民族の野蛮で侵略的な資質」に求めるのが、韓国の反日民族主義史観なのです。そして、これが反日教育の柱ともなります。

「反日」は「我々を侮辱し続けた日本」に対する反日感情として見ないとわからない。そして、ただ日本統治時代に日本がひどいことをしたことへの恨みから「反日」になっているのだと考えると、韓国のことはわかりません。「反日」の前に「侮日」があった。「反日」の根源には「侮日」があるのです。

櫻井　日本人を侮ることによって、自分の優越感を満足させるわけですね。

呉　そうです。本当に、この優越意識を知らないと韓国人のことはわからないのです。北朝鮮人もそうですね。非常に民族優越意識が強い国民性です。

日本は学校を五九倍に増やした

櫻井　ただ、韓国の方にも冷静になって見てもらいたいのですが、日本には非常に優れた文学があり、芸術があった。また日本は優れた統治をしたために、民は穏やかな文明を築いて、日本列島で日本人は幸せに暮らしてきました。朝鮮統治についても、日本は非常に一所懸命、統治をしたのですよ。

たとえば福沢諭吉です。あの方は日本人として、朝鮮半島に尽くした人です。朝鮮半島では、あまりにも難しい漢字ばかりが使われていたために、庶民は新聞も読めなかった。だから福沢諭吉は日本でいう平仮名、片仮名に当たるハングル文字を使った読みやすい新聞を作りました。庶民も新聞を読めなくては駄目だということで、漢字とハングルを混用した新聞を刊行することに、彼はとても貢献しましたね。

呉　それまでは公式には漢字だけしか使われていませんでしたからね。ハングルは一四四三年、李朝の第四代王、世宗の発議によって、朝鮮語の音を完璧に表記するために創出されたのですが（公布は一四四六年）、ほとんど使われていませんでした。しかし、福沢諭吉の発案で、韓国の「漢城周報」にハングルを使ったのが公では初めてのことです。

それまでは、ハングルは一般にはまったく普及していなかった。当時の韓国の知識人は、ハングルは真の文字ではないと馬鹿にしていたのですね。だから、一般庶民にも拡がっていませんでした。四〇〇年ほどの間、ハングルは眠った状態だったのです。

ところが日本統治時代になり、朝鮮総督府は国民学校を作りました。まずは四年制を作り、あとから六年制を作ったのですが、そこでまずはハングルを教えました。それから日本語も教えました。朝鮮の歴史も日本の歴史も教えました。

四年制の普通学校（小学校に相当）は、一九一〇年の日韓併合時は一〇〇校ほどでしたが、終戦の二年前の一九四三年には国民学校（六年制）は五九六〇校まで増えていました。

櫻井　五九六〇校！　五九倍に増えた。

呉　そうです。だからほとんどの村に最低一校は国民学校ができたということです。識字率も、一九一〇年は六％で、ほんの一部の人だけが文字の読み書きができたという状態でしたが、一九四三年には二二％まで上昇しました。これは総督府の調査ですが、かなり不充分なもので、実際にはその倍はあったという農村調査もあります。

これは日本の中学か高校の入試問題にもなったそうですが、統治時代に日本語を教えられたことだけを問題にすると、韓国人から韓国語を奪って、日本語を無理やり教えたというイメージになります。しかし、事実はそうではなく、日本は韓国人に日本語も韓国語も教えたということなのですね。朝鮮語が学校の正課からなくなったのは、戦時中の数年間だけのことです。戦争が起きたため、内地と朝鮮との急速な同化推進が必要となったからでした。

櫻井　しかも、学校を韓国中に作った。

呉　日本語であれ、韓国語であれ、文字の読み書きができる人をこれだけ増やすのは、どれほど大変なことか。日本統治時代の末期で、朝鮮人の小学校への就学率は男子六〇％、女子四〇％程度でした。こうした状況に対して、総督府は一九四六年度から本土と同じ義務教育制度を導入する計画のもとに、平安南道をテストケースとして特別に予算を割き、希望者全員の入学を達成しています。このことは韓国では教えられていません。日本でもあまり知られていません。

八〇億ドルをインフラ投資した日本

呉　もう一つ、よく「日本統治時代に経済的に奪われた」「苦しめられた」と言いますが、そうではなく、日本からの投資で韓国は経済成長を遂げていきました。朝鮮総督府の統計などによりますと、一九〇〇年前後以降、日本から投入された資本は、現在の貨幣価値に換算して八〇億ドル（約九〇〇〇億円）です。それで北から南までインフラ整備を一気に行いました。

北部には大規模な工業地帯が築かれ、南部では資本主義的な商業が大きく発達しました。開墾、干拓、灌漑《かんがい》などの大規模な土地改良や、鉄道、道路、橋梁、航路、港湾などの交通整備、電信・電話など通信設備の敷設、近代工場や大規模水力発電所の建設などが全土にわたって展開されました。

植林も毎年行われ、一九二二年までに植林された苗木は総計約一〇億本に上りました。一九一〇年の韓国併合当時に米の生産高は年一〇〇〇万石でしたが、一九三二年には一七〇〇万石、一九四〇年には二二〇〇万石と大幅に増産されました。

工業生産額は一九二七年から一九三三年までの間は三億円台だったのが、一九三五年は六億円台、一九四〇年には一八億円台となりました。

ものすごいスピードで仕事が増え、経済的にも豊かになりました。生活物資の消費量も飛躍的に増大し、一人当たり国内総生産（GDP）は一九二〇、三〇年代を通じて年平均四％ほど上昇しました。この間、世界の他の国々の成長率は、よくても二％程度でした。

櫻井　イギリスやフランスの植民地統治とはまったく違う。朝鮮半島の人々にとってみれば、受け入れ難いかもしれませんが、日本は朝鮮半島の人々を同じ日本国民と考えて、力を尽くした。そのことがよくわかりますね。

呉　大変なことですよ。この結果、韓国併合時の一九一〇年、朝鮮半島の人口は一三一二万人でしたが、一九四四年には二五一二万人と倍近くにまで増えたのです。

しかし、韓国では、このようなことは教えてはならない、知ってはならないということになってしまっています。私は日本で本に書いたり、大学で教えたりしていますが、これを教えるだけでも、韓国では反韓活動とされ、「売国奴」とされます。

日本人は短い期間に多額の投資を、日本国内よりも韓国に対して行いました。収支は万年の赤字、その赤字を埋めるため日本からの持ち出しが最後まで続きました。そうやって朝鮮に莫大な公共財を築き上げながら、なぜ日本人は戦後、それらをすべて韓国に残したまま日本に帰ってきたことを我慢できたのか、私は不思議でなりません。

櫻井　私たち日本人は韓国や北朝鮮に投資をして、インフラ整備をして、たくさんの工場を作りました。敗戦でそれらすべてを置いて帰ってきたという経験を語る人は少なくありません。

学校を作り、新聞も作り、様々に努力したわけですが、韓国の人々が「日韓併合」そのものを否定するなら、そこで話はとまります。ただ、日本人は韓国人が言うほど悪い統治をしたわけではないということは明確に指摘しておきたいです。

理解できないのは、韓国人は日本に対して「恨」の気持ちを強く持つ一方で、中国に対しては驚くほど甘い。前述のように中国は朝鮮半島に二〇〇〇回も攻め入っています。いわゆる「冊封体制《さくほう》」のもとで、中国を宗主国として朝鮮は毎年貢ぎ物を贈っていました。物だけではなく、人間も贈っていたわけでしょう。

呉　そうです。

櫻井　料理が上手なコックを一〇〇人連れてこいと言われたら、人間を連れていって、その人たちを差し上げるわけでしょう。美しい女性も連れてこいと言われて、女性も差し出したわけでしょう。そのような侵略を重ねてきた中国に何も言わない。そして、朴槿恵氏は中国に近づこうとしています。

中国は「お父さん」、日本は「弟」

呉　中国・朝鮮史で「民族の恥」となることは教えないわけです。ですから多くの韓国人はそれらのことを知りません。

朴槿恵氏は本当に危険な外交をしていると思います。心配でなりません。彼女には中国とはもっと距離を置いて、もう少し日本と仲よくしてもらいたいのですが、なぜ中国に近寄って日本から離れようとするのでしょうか。そこがわからないと、朴槿恵氏の外交政策はなかなか理解できません。

日本に対しては、たとえば日本が朝鮮のインフラ整備をして、経済発展を遂げたという歴史があったとしても、「それは日本が植民地支配をするためにやった」という言い方をします。朝鮮を自分たちの国にしようとしたからこそ、そのようなことをしたのだと韓国人は考えています。ですから、すきさえあれば、日本は韓国から収奪しようとしている、と考えるのです。しかし中国に対しては、そのような感情がない。なぜか。中国に文明幻想を抱いているからです。文明は中国に発した……。わかりやすくいうと、中国は文明の「お父さん」なのですね。それで韓国は「お兄さん」、日本は「弟」という気持ちが、韓国人にはあります。弟はいかなる場合も兄に従わなくてはならないというのが、言うまでもなく儒教道徳の教えです。

櫻井　精神的序列ですか。中国が一番上、韓国は真ん中、日本ははるかに下という……。

呉　そうです。韓国人にとって日本は「下」であり、さらに日本は島ですから「未開」という印象なのです。どうしようもない未開の弟である日本にやられたということだけは、悔しくてならないという気持ちがあります。一方、中国に対しては父親コンプレックスとしての文明コンプレックスがありますから、尊敬する気持ち、恩恵を期待する気持ちがあります。

櫻井　精神的に中国の属国なのでしょうか。

呉　実際に歴史的には中国の属国だったわけですが、偉大な中国に臣下として属することは朝鮮の誇りでした。朝鮮半島は常に強い国に頼ってきました。戦後しばらくは、中国は経済的に弱かったので、はじめて見下げる気持ちをもつようになりました。ところが近年、中国が経済的に強くなったと感じると、韓国では「偉大な中国」が甦った思いで、中国への急接近がはじまったのです。

それと、韓国は対日貿易は赤字ですが、対中貿易は黒字です。だから中国への接近は、経済的な要因も大きいのだと思います。実利的な意味からも、中国に接近した方が有利だと判断しているのではないでしょうか。

同様に、日本より中国に留学する学生が増えています。これは目先の判断だと思いますが、残念でなりません。

櫻井　朝鮮半島は中国と陸続きです。中国と接しているのは北朝鮮ですが、中国には非常に侵略的な面があり、北朝鮮は中国のものだという見方を取っています。かつて中国は朝鮮の宗主国でした。朝鮮半島は中国の属国だったのです。しつこいようですが、元の時代には二〇〇回も朝鮮を侵略しています。

しかし、韓国人は、このような歴史はあまり気にしない。中国が歴史上、韓国、北朝鮮に対してどれだけ強圧的なことをしたかということは頭にないのでしょうか。

呉　やはり中国は「上の人」だからです。ですから中国からされたことについては歴史的な運命のように受け取ることもできるのですが、日本についてとなると、許せない。「下の人」からやられたということが、悔しくて仕方ないのです。

「話し合いを」は通用しない

櫻井　中国は確かに大きな国で、経済成長を遂げているかもしれませんが、中国の価値観は、一党独裁、軍事独裁、人権弾圧、異民族弾圧、異民族虐殺……と、民主主義国家とはまったく相容れない。そういう国であることを知りながら、それでも中国についていくのは、なぜ？

呉　韓国人には、中国が本来的な偉大な国を再現するならついていこう、すべて許せるという精神性があると言っていいでしょう。韓国人は無意識のうちに、偉大な中国の再生を期待していた。そうなれば、日本を一切無視することができます。何年か前、韓国人は、めざましい経済成長期に入った中国のことを「龍が立ち上がった」と盛んに表現していました。

櫻井　尊敬の念ですか。

呉　それから朝鮮半島の人たちには、近代的な意味での人権という発想がきわめて脆弱です。韓国の社会には、身分・地位・能力・知識などに優れた者が上に立たなくてはならない、劣った者は下に立たなくてはならないという、儒教的な道徳制度＝伝統価値観が根強く生きています。ですから、中国がどのような統治をしようとも、あれだけ大きな国を「立派に」統治できていることを評価しますし、そうした「すぐれた統治」へのあこがれがあります。上下の秩序がよく整っているのが、国家社会の安定に最も重要なことだと考えるからです。それが第一で、北朝鮮はもちろん、韓国でも人権とか自由とかは二の次になっています。

櫻井　日本と韓国は互いの国益のために、特に中国、北朝鮮を前にして、よい関係を築かなければならない。私はいまでもそう思っています。しかし、お話をお伺いすると、日韓関係はこのままでは決してうまくいかない。うまくいかせるためには、善花さんのお話では、むしろ日本が強くなった方がよいのですね。

呉　そうですね。基本的には強い者につく伝統的な「事大主義」が抜け切れていません。日本が強くなると、韓国は何となくついてくるかもしれない。しかし、過去もそうでしたが、日本が強くなると日本の方を向くのですが、そうでもなくなると今度はロシアについたりしました。ですから、日本が弱くなったり、あるいは「強い者としての気前のよさ」に欠けたりすると、「もっとよくしてくれる強い国がいい」と、また他の国につくようなことがあるでしょう。

歴史はともかく、韓国にはいま、冷静に判断してもらいたいですね。韓国にとって大切なのは、日本やアメリカ、少なくとも自由のない国ではなく自由のある国と仲よくすることだと思うのですが、いまだに朴槿恵氏も自由のない中国に寄っています。心配でなりません。もう少し緩やかな気持ちで、日本を理解してもらいたいですね。

櫻井　日本と韓国は歴史問題で激しくぶつかり合います。お互いに考え方を一致させるのは無理だと思うのですが、「違う」ことを認め合うことはできませんか。

呉　韓国人には、その発想がないですね。韓国人にあるのは、人間は一つの価値観に従っていくものだという発想です。これを話し始めると、歴史を遡っていかなければなりませんが、とにかく韓国人にとって、真実は一つしかありません。そこから外れたものは、すべておかしいと判断する。これが朝鮮半島の人々の精神性なのです。もちろん歴史認識も一つしかありません。

日本人は、歴史認識として、ある考え方があれば、また違う考え方もあると認め合います。しかし、朝鮮半島の人からすると、それはおかしいことです。

朝鮮半島では国家（の指導的な知識人）がある歴史認識を示すと、歴史認識はそれ一つになります。これは普遍的なものとして示されますから、日本人もこの歴史認識に従わねばならないという発想になります。

これは長い間、朱子学のみで精神性が作られたことが大きいですね。多元的ではなく、一元的に動いているのが韓国人なのです。

櫻井　韓国の価値観を中心にした一元性、ということですね。

呉　そうです。そのような韓国人を理解する必要があります。日本人がいくら「様々な考え方があるから、話し合いをしましょう」と言っても韓国には通用しません。価値の中心にあるのは道徳的な善悪です。これが相対的なものであっては世の秩序が形成されない、だから絶対的なものでなくてはならないのです。

美意識の日本人、善か悪かの韓国人

櫻井　慰安婦問題にも触れたいのですが、一九九三年八月の河野洋平官房長官談話（「河野談話」）には、こうあります。

〈慰安所は、当時の軍当局の要請により設営されたものであり、慰安所の設置、管理及び慰安婦の移送については、旧日本軍が直接あるいは間接にこれに関与した〉〈慰安婦の募集については、軍の要請を受けた業者が主としてこれに当たったが、その場合も、甘言、強圧による等、本人たちの意思に反して集められた事例が数多くあり、更に、官憲等が直接これに加担したこともあった〉（外務省ホームページより）

この年、日韓両政府が慰安婦問題について様々な調査を行いました。しかし、日本政府、もしくは軍が組織的に女性を強制連行した証拠はどこにもありませんでした。にもかかわらず日本政府は韓国政府から、「お金だけではなく、強制されたのだということを認めて、慰安婦だった女性たちの面子を立ててやってほしい」という趣旨で言われ、非常に悩みました。

結局、日本政府は、いま強制性を認めれば、韓国政府は未来永劫、慰安婦問題は取り上げない、今後は何も言わないという暗黙の了解がある、そう思い込んだのですね。

呉　そうですね。

櫻井　その日韓のやりとりについての文書も何も作っていません。そして「河野談話」で慰安婦募集の強制性を認めました。すると韓国側が豹変した。「官房長官が認めたでしょう。だからあなた方は強制連行をしたのでしょう」と、がらりと態度が変わりました。これはどう理解したらよいですか。

呉　「河野談話」は、当時はあのように言っておけば、韓国は許してくれるだろうと日本政府は思ったらしいのですね。ところが、ここに国民性の違いがありました。

櫻井　韓国は許さない……。

呉　許さないですね。日本人は謝罪すると、それで水に流して前向きにいきます。しかし、韓国人や中国人はそうではありません。このような悪いことをしたと認めて、前向きに行きましょうと言っても、「悪い」と認めた部分だけが大きくなっていきます。

櫻井　そのことをずっと言い続けるのですか。

呉　そうです。日本人からすると、過去に拘泥することはみっともない、美学に反することです。しかし、朝鮮半島の人には、日本が認めたことを追及していかなければならない、それが善だという意識があります。

日本人は美意識で生きていますが、朝鮮半島の人は善か悪かなのです。日本人が「悪」を認めたなら、解決しなければならないという前提があり、それがいま大きくなって、この状態になっているということです。悪行をどこまでも（永遠に）問い続けていくこと、そうやって悪行を犯したという自覚を失わせないようにしていくこと、それこそが善なる人間の努めだという考えなのです。

「身内正義」というご都合主義

櫻井　両方の国を知悉《ちしつ》する善花さんは、慰安婦問題に日本はどのように対処するのがよいと思いますか。

呉　日本では、「強制連行はなかった」事実を盛んに言っていますが、韓国では、強制連行の問題と、慰安婦がいたこと自体の問題が、ごちゃ混ぜになっています。韓国では慰安婦がいたこと自体が強制だということになっているので、強制連行の有無を議論しても問題は解決できません。

櫻井　一九五〇年に始まった朝鮮戦争のときも、韓国にはソウルをはじめ四カ所に慰安所があり、アメリカ軍も相手としていました。これは韓国政府が設置したものです。こうしたことを韓国人は考えないのでしょうか。日本も慰安所を設置しましたが、自分たちも朝鮮戦争のときや、ベトナム戦争のときに同じことをしたのだとは、彼らは考えないのですか。

呉　自分達の問題とは絶対に結びつけようとはしません。どこの国でも戦争に性はつきものです。ベトナム戦争でも、たとえば戦場に行って、敵を殺して勝って帰ってくると、賞として売春宿に行かせてもらえたそうです。それを体験した人たちの話を、私もたくさん聞きました。いま、そうして生まれた子供が数万人もいるという話も聞きました。

櫻井　そのような報道もありますね。

呉　しかし、韓国人はそれは問題視していません。

櫻井　自分たちのことは棚に上げて、日本のことだけを責めるのですか。

呉　そうなのです。簡単に言いますと、これは古代中国の史書を編纂する場合の原則に端を発するものですが、朝鮮半島には「偉人や民族の誇りを守るためには、恥となることを隠すのが人としてやるべきことだ、そのためには嘘をついてもかまわない」という考えが、古くからあるのです。これが「身内正義」の考えです。ですから、そのような相手に対して、日本人自らが慰安婦問題で強制性を認めてしまったことは大失敗中の大失敗なのです。

櫻井　「河野談話」を出したことが問題だった……。

呉　そうです。

櫻井　あのような談話は出してはならなかった。まったく同感です。

呉　出してはならなかったと思います。それと、日本人の一部の知識人たちが、慰安婦問題で強制性を主張しましたね。

櫻井　朝日新聞などが、積極的に慰安婦問題を取り上げてきました。

呉　それで問題が大きくなってしまいました。どちらかというと、強制性を認めたのは悪意があったというよりも、日本人にとっての美意識によるものだったと思うのです。日本人がよく言う「いずれにしてもご迷惑をおかけしたことは確かなのだからお詫びします」というのと同じ気持ちからのことだったと思います。だから慰安婦募集に強制性などがあったとして、謝罪をして、前進しようという気持ちだったのでしょう。しかし、韓国ではそうはなりません。

櫻井　韓国にはどう接するのが、最善ですか。

呉　気をつけなければならないのは、日本人はバランスを取るために「朝鮮半島に対して、過去に悪いことをしたかもしれないですが、よいこともしました」と言います。これはよくありません。

櫻井　何をどう言えばよいのですか。

呉　「過去に悪いことをしたかもしれない」とは言わないことです。

櫻井　それを言わずに、「我々はたくさんの学校を作りました」「ハングルの新聞も作りました」とだけ、言えばよいのですか。

呉　そうです。政治的な統治で疑問の余地なく悪だと断罪できるのは、為政者が民衆の生活内部に無法にも土足で踏み入ったとき、それだけです。これは、統治者が異民族だろうと同民族だろうと、同様に言えることです。厳しい法治主義をとった日本統治下には、そうした事実はまったくなかったと言えます。ですから、日本は堂々と善政を施したと言えるのです。その事実を日本人が自信を持って言った方がよいと思います。歴史的事実であり、証明する史料もたくさんあるのに、日本人自身がそれを知らず、自信も持たず、いまの若者たちは、何かを言われると「悪いことをしたかな」と考えてしまう。

問題なのは、かつて日本がどのような植民地政策を取ったのか、その実態を知らないがために、自信がなくなってしまったことです。それが大きな問題を作っています。

日本の植民地政策は、他国のそれとはまるで違いました。朝鮮半島の歴史の中で、最も豊かな暮らしを送ったのが、日本統治下の三六年間でした。初期に少しは不幸なこともありましたが、それを反省して、文化政策、教育などに力を入れました。他国の植民地政策とは根本的に違うのです。

しかし、韓国人の間では「植民地＝侵略」になってしまっています。だから「植民地時代」ではなく「日本統治時代」という言い方に変えた方がよいかもしれません。

櫻井　日本人自身も言葉遣いに気をつけて、事実をきちんと認識し、発信していかなければならないですね。

（二〇一三年五月三一日放送）

第3章

「歴史は一つ」という全体主義

葬儀、結婚式で入国拒否

櫻井 こんなことはいまさら言う必要もありませんが、呉善花さんは、現在は日本国籍ですが、もともとは韓国籍でした。ご親戚やご兄弟は韓国にいます。二〇一三年七月二七日、善花さんは甥御さんの結婚式に出席するために韓国に行ったところ、仁川空港で入国を拒否されました。

なぜ韓国政府はそのような判断をしたのか。日本と韓国の間には様々な問題がありますが、これだけは理解できません。改めてお尋ねします。どのような状況だったのですか。

呉 結婚式はソウル市内で午後三時からだったのですが、仁川空港に着いたのは一一時一五分頃でした。荷物などを受け取っていると一二時頃になり空港からタクシーに乗ってホテルに向かい、チェックインをして、荷物を置いて、着替えもするとなると、あまり時間がありませんでした。

入国審査カウンターの列には私の前に二、三人が並んでいました。私の番になると、なぜか「向こうの部屋に行ってください」と言われました。

櫻井 別室に。悪い予感ですね。

呉　そうです。その部屋であれこれ調べられて、一時間以上がたちました。

櫻井　何を調べられたのですか。

呉　わかりません。恐らく、入国拒否の理由を何か探していたのでしょう。

櫻井　善花さんは別室で待たされていただけなのですか。

呉　そうですね。

櫻井　じっと座って……。

呉　そうです。

櫻井　その間、誰も質問をしてきたりはしなかったのですか。

呉　私が「どうなっていますか。三時から結婚式があるので、急がないと間に合わなくなってしまいます」と言っても、「いま調べていますから、待っていてください」と答えるだけでした。「何か問題があるのですか」と聞いても、「ちょっと待っていてください」としか言わないのです。

櫻井　待っている間は、どのようなことをお考えになりましたか。

呉　私は日本国籍を取得して日本国民となって以降、二〇〇七年一〇月にも入国禁止措置を受けています。そのときは盧武鉉政権でした。

母が亡くなり、葬儀に参列しようとしてその前日、故郷の済州島へ向かったのですが、空港で入国を拒否されました。「孝」を最も重要な倫理とする儒教社会である韓国で、母親の葬儀に娘が参加できない事態に陥ったのです。

「母の葬儀なので何とか入れてほしい」と頼んでも、韓国の入国管理当局は拒否の理由を一切告げず、「上からの命令だから」「夕方の飛行機で帰れ」の一点張りで、こちらの事情には一切応じてくれませんでした。

パスポートも取られ、六時間近く別室で待たされました。その間に、公衆電話を使って日本の外務省を通し、済州島の領事館を介して話し合いをした末に、何とか入国はできたのですが、葬儀への参加以外、一切の行動をしないこと、反韓活動をしないことという趣旨の一筆を書かされ、さらに葬儀場にまで当局から電話が入るなど、厳しい監視を受けました。

このような経験があったため、二回目のときも、また同じことになるのだろうと考えていました。しかしその一方で、いまこの時代に、私の言論を理由に入国拒否になることはないだろうとも考えていました。なぜなら二〇〇七年一〇月の後、私は何度も日本と韓国を行き来していたからです。

入国拒否の理由がない

櫻井　善花さんは、李明博政権（二〇〇八年～二〇一三年）になってからは、何度も韓国と日本を行き来されていました。二〇一三年二月に朴槿恵政権になってからも、当初は何の問題もなく韓国へ入国できた。実際、二〇一三年三月にも、五月のゴールデンウィークにも、韓国に行かれていますね。

呉　そうです。それなのに、なぜ二〇一三年七月になって、いきなり入国拒否されたのか。理由はいったい何なのか。なかなか理解できませんでした。「どうなっていますか」と何度も訊ねましたが、「調べています」と言われるだけでした。結局は一時間半ほど待たされ、「入国できません」と言われてしまいました。

結婚式には数人の知り合いを招待しており、お互い紹介しようとしていたので、彼らのことも気になりました。携帯電話で状況は伝えていたのですが、途中で電池が切れてしまいました。

「結婚式だけは出席させてください」と頼んでも、「絶対に駄目です」と言われ、理由を聞いたら「上からの命令です」との答えでした。

櫻井　理由もないのに入国させないとは、民主主義国らしからぬ対応ですね。

呉　当日は土曜日でしたので、大使館や外務省とは連絡が取れずに時間が経過しました。仁川からで成田行きの便数も多かったので、次の便で空港からそのまま成田空港行きの飛行機に乗せられたのです。乗務員が私のパスポートを預かるという形で日本へ送還されました。

成田空港でA4サイズの用紙を二枚手渡され、「サインしてください」と言ってきました。日本の法務省に当たる韓国法務部の送還指示書でした。それには「出入国管理法第七六条の規定により、以下の者を貴下負担で大韓民国の外へ送還することを指示する」と書かれていました。一枚は私、一枚は彼らが保管するためのものです。この第七六条の規定による送還の対象は、同条第二項によれば「第一一条の規定により入国が禁止され、又は拒否された者」です。そこで第一一条を見てみると、第三項に「大韓民国の利益又は公共の安全を害する行動をするおそれがあると認めるだけの相当な理由がある者」との規定があり、これによる入国拒否であることは明らかでした。しかし送還指示書にはこれが理由だとはっきり書いてはいないのです。用紙には入国拒否の理由を書く欄があったのですが、何も書いてありませんでした。

私は「理由もないのに、なぜサインをしなければならないのですか」と聞きました。すると「しなくてもよい」と言うのです。

櫻井　その用紙はどうしましたか。

呉　もらいました。

櫻井　サインはなさらなかったのですか。

呉　しませんでした。

櫻井　ご立派。そういったときは、絶対に署名しては駄目ですよ。

呉　もしサインをしていたら、自分で「入国拒否」を認めることになっていました。しかし、サインをしなかったから、強制送還という形になったのではないでしょうか。

櫻井　強制送還というのは、非常に重大なことです。国の主権に基づいて、ある人物を強制的に送り返すのですから、相当の理由がなければなりません。いかなる法治国家も、理由を説明することなしに送り返すのは許されないことですが、韓国はあなたに対してそれをした。

呉　そうです。

櫻井　しかも、善花さんは、もともとは韓国の方で、日韓の架け橋になることができる方です。韓国政府当局が、国際法や常識に照らし合わせても、考えられない方法で入国を拒否したことについて、善花さんにも様々な思いがあるのではないでしょうか。

呉　本当に淋しいですね。

この件に関しては、NHKのニュースでも報道されました。NHKは確認のために仁川空港に電話をかけたそうですが、「プライバシーの問題なので本人以外には言えません」という回答を受けたといいます。

櫻井　でも、仁川ではご本人にも説明はなかったのでしょう。

呉　説明など何もなく、入国拒否の理由を聞いても、「上からの命令だから」としか言いませんでした。さらに突っ込んで「上とはどちらの上なのですか」と聞いたのですが、「とにかく上からです」と答えるだけでした。

朴槿恵政権と盧武鉉政権の対日観

櫻井　韓国は民主国家なのかしら。

呉　そうですね。韓国は北朝鮮とは違って近代化、消費社会化も進み、表面だけを見ると日本とそれほど変わりがありません。

私は盧泰愚政権だった一九九〇年以降、書物や雑誌で韓国の反日政策を強く批判し、日本の朝鮮統治や日本社会をプラス評価する言論をたびたび展開してきました。その後、左派の盧武鉉政権のとき、韓国は強烈な反日政策と親北朝鮮政策を取り、私の発言や言論活動も、親日的だということで、国家安全企画部の指令で済州島の実家が家宅捜索されるなど、たびたび妨害に遭いました。しかし、それから一〇年近くたったこの時代に、私は入国を拒否されたのです。その理由が私の言論にあったことは明白です。本当に信じられない思いです。

櫻井　盧武鉉政権時代、韓国は国家存亡の危機にあったと言ってもよいと思います。二〇〇七年一〇月、政権末期の盧武鉉氏と当時の金正日総書記が南北首脳会談を行い、その席で、盧武鉉氏は韓国の主権をまるで無視して、北朝鮮の脅威を前に、韓国をあたかも生《い》け贄《にえ》のように差し出すような発言をしたのです。

こうした事実は当時、非公表だった首脳会談の会議録が二〇一二年になって、ジャーナリスト趙甲済《チョガプジェ》氏によって明らかにされて判明したわけです。会議録には、盧武鉉氏は在韓国米軍基地についてこう語ったと記録されています。

「我々も頑張っています。在韓米軍が首都圏から移転することになった。戦時作戦権もアメリカから返還されます。最近の世論調査では我々（韓国）の安保に最も脅威的な国としてアメリカが指名され、二番目が日本、三番目が北韓です。一〇年前は想像も出来なかった。これは（私が）自主外交と民族共助を熱心にやった結果です」

盧武鉉氏は金正日総書記に対し、自分がどれほど反米、反日の成果を上げたかを、自慢げに語っていたのです。

また、国際社会が北朝鮮の核開発を強く警戒する中、盧武鉉氏は金正日総書記側に核廃棄を要求しなかったどころか、逆にこう提案したことが記録されています。

「（当時の）ブッシュ大統領と金正日総書記、私の三人が終戦宣言のための会談をして平和協定を結びましょう」

アメリカは、北朝鮮が核開発を放棄して初めて平和協定が結べるとの態度を明確にしています。それなのに、盧武鉉氏は北朝鮮に核廃棄を要求せず、「終戦宣言」と「平和協定」締結を申し出た。この理屈でいけば、金正日総書記は核兵器を保有したまま、平和協定を通じて韓米同盟を解体し、在韓米軍の撤収という宿願を達成できる可能性が生まれます。金正日総書記が関心を示したのは当然でしょう。

盧武鉉氏はさらに、首脳会談の成果としての「一〇・四宣言」(南北関係発展と平和繁栄のための宣言)を実現するために、数十兆ウォンがかかると推定される南北協力事業を提案し、大規模援助を申し入れています。

会議録を読んだ韓国政府関係者らが「余りにも屈辱的で到底、読み通せなかった」「盧発言はほとんど売国奴のレベルである」などとコメントしたのも当然と言えますが、当時、善花さんはそのような盧武鉉政権の「太陽政策」を厳しく批判していました。南北首脳会談の直前には、先ほど詳しくお話しいただいた一回目の入国拒否措置を受けています。

ただ、そうした盧武鉉政権時代の韓国に厳しい言論は、必ずしも現在(二〇一三年)の韓国に対する批判ではありませんよね。

呉　そうです。

櫻井　にもかかわらず、朴槿恵政権は盧武鉉政権時代の誤った判断に基づいて、あなたを入国拒否にした。

呉　その間の、李明博政権時代は入国できました。朴槿恵政権になって入国拒否になったのは、朴槿恵政権に盧武鉉政権と共通の対日観があるからにほかなりません。

櫻井 盧武鉉政権のときの青瓦台（大統領府）のスタッフ、外交や安全保障のスタッフの中の多くの人が、実は朴槿恵政権のスタッフと重なっています。盧武鉉政権時代は親中国、親北朝鮮、反米、反日、そして反韓国、反祖国でした。朴槿恵氏の外交政策や安全保障政策も、おおざっぱに言えば、そのような枠の中に入るものが多いと言えます。

善花さんが言われた通り、韓国は民主主義国家であり、経済的にも発展していて、法律の意識も高いはずです。しかし、あなたの言論ゆえに、あなたを入国させなかった。韓国は先進国の一つですよ。それが言論の自由を許さない。何がどのようにおかしく変質したのか。

呉 それは、国家も多くの国民も「日本の朝鮮統治に対する肯定的な発言」は、言論の自由の問題ではない、人類の普遍的な倫理を犯した罪なのだ、という考えに立っているからです。サムスンなどの韓国企業が世界で活躍しています。「韓国経済はすごい」と考える日本人も少なくないでしょう。そのような国際化された民主主義国家であるはずですが、言論の自由を侵害しました。それは民主主義国家や文明国では、あってはならないことです。しかし、韓国は現在もそれをやっています。

韓国メディアが先頭に立ち言論封殺

櫻井　入国拒否にも驚きましたが、もっと驚いたのは、韓国のメディアがそれをどう伝えたかです。メディアは「入国拒否をした当局の判断はおかしい」と言わなければならなかったはずです。しかし、どのメディアも善花さんの方を批判しました。

呉　メディアは政府が言論の自由を侵害すれば、それを批判しなければならない立場のはずです。しかし、私の知る限り、この事件について韓国の新聞もテレビも、私を一方的に攻撃するだけで、言論の自由や人権の侵害に触れた論評は皆無でした。彼らもまた、これを言論の自由の問題とは考えていないわけです。

たとえば、二〇一三年八月二日の「朝鮮日報」（日本語版）は、〈「B級スピーカー」呉善花とその一味の取り扱い方〉と題して、次のようなコラムを配信しました。

〈韓国を誹謗《ひぼう》中傷することで悪名高い韓国系日本人の呉善花氏が韓国入国を拒否されると、この措置に多くの人々が拍手を送った。記者自身も小気味よさを感じた。どれだけひどく母国をけなしてきた人物であることか。韓国人にあれほど嫌な思いをさせてきたのだから、これくらいの不利益は受けて当然だというのが普通の国民感情だろう。やりたい放題やってきた日本の極右派に韓国人の怒りを見せてやるべきだという思いもある〉

これが新聞に載せるべき文章でしょうか。インターネット上に飛び交う誹謗中傷と何ら変わらないですね。本来なら、世論が冷静さを失いかけているとき、理性的な言論によって自制を促すのが社会の公器たる新聞の使命です。ところがこの新聞コラムは、加熱する世論に同調し、それを煽っているかのようです。ここにあるのは、人類の普遍的な倫理に対する罪に加えて、身内の恥を暴露し民族の誇りを傷つけたという、先ほども述べました「身内正義」の価値観なのですね。

このコラムには、こんなことまで書かれていました。

〈もしかしたらこれは呉善花氏が「企画した入国」ではなかっただろうか。同氏は6年前にも済州島に来て入国拒否されている。自分が韓国法務部（省に相当）の入国禁止リストに載っていることは同氏も知っているはずだが、それを知りながら意図的に入国拒否という場面を演出しようとしたのではないだろうか。事実、産経新聞はこのニュースを1面トップ記事として掲載、「（韓国には）人権がない」と報道した。「反韓

商売」で食っている呉善花氏としては今回も一仕事したというわけだ〉

およそ新聞記者が書いたものとは思えない。下品な、とんでもない妄想です。先ほどお話ししたように、二〇〇七年に入国を一時拒否されたのは事実ですが、その後、私は何度も韓国に入国しています。調べればすぐにわかるはずなのに、こういうでたらめを平気で書いて読者を惑わすとは、もはや言論機関としての使命を放棄したとしか思えません。

ほかにも、このコラムは私を〈主流を外れたB級論客程度〉とし、微々たる影響力しかないのだから〈むきになって対応措置を取る必要も、そうする価値もない〉と結んでいます。それなら入国させても問題ないはずなのに、矛盾していますよね。

櫻井　新聞の言論ではないですね。

言論の自由も学問の自由もない

呉　韓国で生活していると、悪いのはすべて日本であるかのような意識を持ってしまいますが、それはきわめて独善的なものだということ、それに気づいて日本を根本から見直していくこと。そこから初めて、日韓友好への道が開けていくと私は思っています。

櫻井　正論に「入国拒否」で圧力をかけた。

呉　私の主張を批判するのはもちろんかまいませんが、自分たちの考えと違うからといって、入国拒否などで物理的に排除することを許せば、民主主義にとって最も大切な言論の自由はなくなります。そうした基本的な視点が韓国メディアに一つもないのは、いったいどうしたことでしょう。独善的だと言うしかありません。もし、このコラムを書いた韓国人記者の文章表現が不穏当であるとして、日本政府が記者の入国を拒否したとしたら、韓国メディアは黙って従うのでしょうか。

今回の件に関しては、言論の自由を侵害しているのだから、韓国のメディアは先頭に立って当局を批判しなければならないはずなのに、私を批判しました。これは、メディア自身が言論弾圧を行っていることにほかなりません。しかし、それを言論弾圧とは見ない論理・情緒、これが韓国にしっかり根を張っているのです。

櫻井　本書の元であるインターネット番組「君の一歩が朝《あした》を変える！」を作っている会社の社名は、「言論テレビ」です。私たちは言論の自由を大事にして、社会や国のために言論メディアとしての責任、言論人としての責任を果たしたいと強く思っています。だからこの名前をつけたのです。言論の自由や、思想信条の自由は、民主主義、自由の国の根本であるにもかかわらず、韓国のメディアはこれを無視した。そのことに、私は強いショックを受けました。

呉　いまさらながら、私も信じられない思いです。韓国の言論レベルはこれほどまでに低かった、知的レベルはこの程度のものだったということがわかり、私は悲しくてなりませんでした。歴史的に制限を受けていた古い精神性を脱して先へ進もうとするのではなく、李氏朝鮮王国時代の精神性に停滞し続けている、あるいはそこへと退行している、というのが真実でしょう。

櫻井　韓国の善花さんの年来の友人、物書きや学者、新聞記者でもよいですが、そのような方からのメッセージは何かありましたか。

呉　まったくありませんでした。以前は韓国にも、日本統治時代のことを「どちらかと言うと正しい」と考え、そのような歴史認識を伝える人がいたのですが、みな社会から抹殺されました。そのため、近年、日本統治時代について肯定的に語る人はほとんどいません。肯定的な評価をする一部の学者の研究はあります。いまのところ学問的な研究については、国際的な学会とのからみもあって、国家も表だった弾圧はしません。しかし、少しでも一般向けの発言となれば、すさまじい勢いで大衆的な封殺パワーが巻き起こります。そうなると、韓国の共同社会では、社会的な死に等しい境遇に置かれることになってしまいます。また、名誉毀損などを理由とする「訴訟・裁判・有罪」という形で封殺されます。国家がちょっと煽るだけでも、社会の方で自主的に弾圧してくれるわけです。

ですから韓国には、民主国家一般のような言論の自由も学問の自由も実質的にありません。そうなると、その国の発展はあり得ません。朱子学以外を認めなかった李氏朝鮮王国時代がそうだったように、思想は国家が決めたものしか残らず、一つの思想しかないことになります。本来、思想は自由でなければならないはずですが、韓国はやはりそうではない国だったのかと、いまさらながら驚いています。

櫻井　ソウル大学の教授や、その他の大学の教授などにも、韓国の歴史を正当化しながらも、日本も悪いことをしたばかりではなく、このようなこともしてくれたと、きちんと学問的に研究している人がいます。しかし、そのような人の発言の場が、どんどんなくなっているということでしょうか。

呉　そうです。論文としてはあります。しかし、大衆的な場ではなかなか発言できないムードが、この数年でより強固に作られてしまいました。

いずれにせよ、今回の入国拒否事件での私への「処遇」がはっきり示したのは、韓国政府、言論界が「日本極右の韓国批判と日帝評価」は言論の自由の範囲外の問題だという、いわば「超法規的」な立場に立っているということです。このことを特に指摘しておきたいと思います。

反日愛国競争

櫻井　韓国の野党「民主党」の国会議員一二名が二〇一三年八月一三日、島根県の竹島に不法上陸しました。韓国メディアを伴ってヘリコプターで上陸し、代表者は「日本の右傾化と軍国主義復活の動きに警告するため訪問した」と述べたといいます。

翌一四日には、与党「セヌリ党」の国会議員二人を含む同党中央女性委員会の委員ら約四〇人が竹島に船で上陸していました。いずれも、日本統治からの解放を祝う八月一五日を前にした反日・愛国パフォーマンスです。

韓国の民主党（編集註／二〇一四年三月に他の野党勢力と統合して「新政治民主連合」となり、さらに二〇一五年一二月、「共に民主党」に改称）というのはとんでもない政党で、先ほど触れた盧武鉉氏の金正日総書記に対する発言に代表されるように、韓国を北朝鮮に売り渡すような言動をしてきました。それを知った国民から支持を失うと、それではと反日になり、竹島に不法上陸するパフォーマンスをした。そのような民主党に対して、韓国の方々は「もう一度、支持してやろう。反日でスッキリする」と考えるのでしょうか。

呉　北朝鮮の問題だと国民は親北と反北に分かれますが、反日となるとほぼ挙国一致で団結します。「反日＝愛国」ですから、野党も与党も負けじと「反日愛国競争」を繰り広げることになります。

櫻井　与党は保守の「セヌリ党」ですね（編集註／二〇一二年二月、ハンナラ党から党名変更。さらに二〇一七年二月、「自由韓国党」に党名変更）。セヌリの意味は？

呉　新しい、全部を変える党というような意味です。

櫻井　野党には民主党、統合進歩党（編集註／二〇一四年一二月解散）、正義党がありま す。民主党は「中道左派」と言われますが、この定義でよろしいでしょうか。

呉　そのような感じですが、民主党は「進歩派」と称して活動しています。反日的なのは与党も野党も同じです。

櫻井　反日については、与党も野党も一致団結するのですね。

呉　そうなのです。野党は親北で反日です。しかし、核問題などがありますので親北ということはあまり表面に出さずに反日を強く押し出し、国民の支持を得ています。韓国のムードがそうなってしまっています。そのムードの中で、朴槿恵氏もより強く反日を押し出さなければ国民の支持を得られなくなっているのです。

櫻井　朴槿恵氏が反日的な姿勢を取る理由は、自分の支持を固めたいからだということですね。

呉　その通りです。しかも、父親の朴正煕氏は、親日派だとされて野党から叩かれてきました。盧武鉉氏は、「朴正煕氏＝その娘朴槿恵氏＝親日派」として、朴槿恵氏を叩くための道具として朴正煕氏を「親日派の第一人者」として批判してきました。

櫻井　私が朴槿恵氏に失望したのは、自分の父親を否定したことです。

大統領選を三カ月後に控えた二〇一二年九月、大統領選への立候補を表明する記者会見の席で、それまでの政治姿勢を逆転させせました。

その日、彼女は「きょうは父の娘ではなく第一八代大統領候補として過去史と関連して申し上げる」と前置きして、次のように語りました。

〈(一九六一年の)5・16軍事クーデターと維新、人民革命党(編集註/韓国中央情報部の弾圧で八人が死刑に処された事件)などは憲法価値が毀損され大韓民国の政治発展を遅延させる結果をもたらした〉〈これによって傷と被害を受けた方と家族に改めて心から謝罪する〉(二〇一二年九月二五日付「中央日報」日本語版)

しかし、朴正熙氏は自分の父親なのだから、これはしてはならないことだったと思います。

呉 私も本当に失望しました。それまでは「父親の行った政治は正しかった」と常に明言していたのですからね。父親のおかげでいまの朴槿恵氏があります。彼女を支持している国民は、父親のイメージを抱いて支持しています。それなのに、朴槿恵氏は「父、朴正熙は不法なクーデターで政権を奪った反乱者である」とはっきり批判しました。そうしなくては大統領選挙で勝つことができないとの判断からです。

櫻井 韓国の経済的な成長の土台を作ったのは、朴正熙政権ですよ。

呉 朴槿恵氏は、経済政策など父親のいくつかの政策と、父親には強いリーダーシップがあったことをまず利用しました。しかし、その後は父親を否定して、大統領選で何とか票を取りました。盧武鉉政権が行った、軍事政権時代の政治を全否定する「過去清算」（編集註／第五章で詳述）が法制化されて以降、それが国是になったからです。韓国で民主政治家であろうとするなら、その国是を認めなくてはならない。だから、朴槿恵氏は父親の政治を批判することによって、自分もまた民主政治家なのだと主張したわけなのです。父親のイメージによって、「朴正熙の娘」として国民に支持されたにもかかわらず、その父親を裏切ったことになります。その点に関して、私は失望しています。

民意こそ天意

櫻井　韓国では、父を裏切ってでも「反日」にならなければ支持を得られない。

呉　父親を裏切ったという「孝」のモラルを問題視する人もいますが、核心にあるのは政治信条の転向です。何に基づく転向なのかというと、「民意こそ天意である」という通俗的な儒教理解、これを民主主義だとする通俗的な理解、この二つが国民情緒に取り込まれていて、そういう国民情緒に同伴しての転向なのです。国民情緒との同伴なしに政治家にはなれない、そういう状況が韓国に根付いてしまっているのです。

それに加えて、私自身が巻き込まれた入国拒否の件で、はっきりわかったことは、韓国だけでなく、北朝鮮も含めた朝鮮半島の価値観や考え方は、一つの倫理や道徳のもとで成り立っているということです。

これは極めて儒教的、もっと言えば朱子学的です。その傾向が強くなっています。韓国人の考え方や発想は一元的です。一つの原理原則があって、それだけが善であり、そこから外れたものは悪だという考え方をします。

櫻井 朱子学とは、中国・宋時代の儒学者、朱熹《しゅき》（一一三〇―一二〇〇）の儒教学説ですね。朱熹は朱子とも呼ばれたため朱子学と呼ばれるようになりました。階級制社会を維持する便利な思想であったため、中国、朝鮮、江戸幕府などに重宝された経緯があります。

韓国人のルーツは儒教朱子学だと言われます。身内のことが絶対に優先され、その逆で、よそ者に対する蔑視、差別意識が強く、歪んだ優越感も生んだと指摘する学者もいます。

呉 儒教では、自然界を秩序づけている自然法則が、そのまま人間界をも貫いていると考えます。この普遍的な自然法則が朱子学でいう「理」です。それに対して物質的・現実的なものが「気」となります。そうした理解のうえで、「理＝法」が「気＝

物」に秩序を与えるとされます。そのように、「理＝法」を「気＝物」に作用する超越的な実体とみなすところに、朱子学の最大の特徴があります。ここでの「理＝法」とは、実際的な人間世界では道徳を指します。ですから、儒教国家では道徳は制度であり法であるのです。

韓国人の道徳至上主義的な理念主義は、こうした朱子学の考え方から来ています。かといって、韓国人ならば誰もが朱子学の勉強をしているわけではありません。道徳を「国家・社会・家族・個人を共通に貫く一つの絶対的な法」だとする、朱子学の理念に基づいて国家社会の秩序がイメージされているのです。つまり社会的な制度に従って生きていく中で、韓国人は理念主義者となっていくのです。先ほど言いました「人類の普遍的な倫理」というのも、この道徳を意味しています。

櫻井　韓国の朱子学は、それにしても、とても教条的で柔軟性がありませんね。もっともそれが朱子学の特徴ですが。

次に、韓国人が考える「善」とは何ですか。

呉　「理」が完璧に整っているのが善です。これが最高の価値になります。これを体現しているのは聖人君子であり、国家で言えば国王になります。結局、国家社会で一番偉い人たちが最も高い理＝高徳の体現者、権威者とされ、彼らが統治してこそ善政が行われる、というのが朱子学の考えです。

現代で聖人君子に相当するのは、北朝鮮の場合は、金日成、金正日、金正恩の世襲トップになります。韓国の場合は歴代の大統領でした。確かに朴正熙氏にはそれだけの求心力がありました。しかし、その後の歴代大統領にはなく、ずっとフワフワしていました。大統領が理にそぐわない面を見せれば、もはや大統領は徳を失った、もっと徳の高い者が大統領になるべきだという「民意こそ天意」が発揮される、つまり国民情緒が政治の動向を左右する、そうなっています。

櫻井　韓国にしっかりとした人がいないとなると、父親のような存在である中国の方がよくなるのですか。

呉　儒教的な父親権威を求めるという心理が働いています。一つの軸となるものです。

櫻井　絶対的な権威を求めている……。

反対意見を持つことは悪になる

呉　朝鮮半島では、国家社会の秩序を保証するのは、揺るぎなき権威と価値観になります。不安な時代の中で国民はそれを求めています。先ほど申し上げた韓国人が考える「善」、つまり一番偉い人が体現しているとされる価値の一例として、いまの韓国の「歴史認識」が挙げられます。国を代表する高徳・高知の権威者たちが示す歴史認識が唯一の善で正しく、それとは違う歴史認識は、すべて悪であり間違っているということに韓国ではなります。相対的な正しさではなく、絶対的な正しさです。

そこから、先ほども言いましたように、歴史は一つしかないという考えが導かれます。だから歴史認識は二つも三つもあってはならない。日本では歴史に関して様々な考えがあってもよいと言いますが、その考えは韓国では通用しません。この歴史認識は絶対に正しいのに、なぜ様々な意見があるのか、と反論を受けることになります。いまの韓国人が、これだけ「歴史、歴史」と声高に言っているのは、韓国の考える歴史こそが唯一の正しいものなのだと考えているからです。

実際、歴史には様々な観点があり得るということは、長い間、韓国人である私の意識の中にはありませんでした。歴史には一つの見方しかないと思っていたのです。

こんなことを言うと、「お前はいったい何を勉強してきたのか」と言われそうですが、日本に来るまでは正直に言って、そうだったのです。

しかし、私が韓国人の中で例外的な存在だったのではありません。一般の韓国人ならばほとんどがそう思っているのと同じように、私もまた歴史には一つの見方しかないと思っていたのです。

なぜかと思い返してみると、「韓国の学校で歴史教育を受けてきたから」というほかに、どんな理由もないと思えるのです。

櫻井　韓国の人は自分で本を読んだり、資料を読んだり、研究したりして、自分の頭で判断することが不十分で、決められた一つの方程式に従いやすいということなのでしょうか。

呉　道徳的な善悪の問題、韓国的価値観がからんでくる限り、そうなります。つまり、歴史についての「唯一の正しい観点」を学ぶことが、韓国では歴史を学ぶことです。そして、その観点から歴史的な様々な物事を理解していこうということになります。要するに、生徒たちはその唯一の観点に立って、そこから足を踏み外すことなく、歴史的な物事のあり方、性格、推移などを位置づけていく力を養っていきなさい、ということになるのです。

ですから、個々の歴史事象については、その学び取った観点から光を当てることによってだけ意味をもってきます。たとえば、「土地所有を近代的に整理する」という朝鮮総督府の政策は、「土地を奪うための口実」として意味づけられることになるわけです。

唯一の観点の共有ということは、全体主義の価値観が根強く残っていることを意味します。反対意見を持つことは悪になります。このような考えが作られたのは、約五〇〇年にわたって続いた李氏朝鮮王国時代で、それがいまだに残っているのです。この点について、韓国の知識人、特にメディアにはなんとしても気がついてもらいたいですね。

韓国のメディアは、私が入国拒否された件についても、「呉善花は韓国が教える歴史認識とは反対の考えを持っている。それを様々なところで発表している。だからけしからん」と報道しています。メディアは韓国の最高の知識層だと自任しており、それは権力になってもいきます。そして、頂点の考え方や価値観に反するものは、すべて駄目だと判断するようになるのです。

櫻井　古い朱子学の教条的要素を色濃く残している韓国を相手に、私たち日本人は、事実が持つ力を活用するしかありません。その意味でも、事実を中心に歴史研究を一所懸命やっていって、それを世界に公開していかなくてはならないと思います。

（二〇一三年八月一六日放送）

第４章　儒教の国の身勝手な善悪

「見せしめ」にされた加藤支局長

櫻井　産経新聞のソウル支局長をだった加藤達也さんが二〇一四年八月、朴槿恵氏のプライバシーに関わる記事を書いたということで、出国禁止にされてから、ひと月以上になります（編集註／番組放送当時）。いったい、韓国で言論の自由はどのように考えられているのでしょうか。

加藤支局長（当時）は二〇一四年八月三日、産経新聞のインターネットサイト「産経ニュース」に掲載された「朴槿恵大統領が旅客船沈没当日、行方不明に…誰と会っていた？」と題するコラムを執筆しました。三〇四人の死者・行方不明者を出した旅客船「セウォル号」沈没事故の当日、朴槿恵氏の所在が七時間も、わからなかった事実を現地の「朝鮮日報」や証券筋の話を引用して書いたものです。

朝鮮日報は韓国の有名な新聞ですね。

呉　韓国最大の発行部数を誇る新聞です。

櫻井　そのような韓国を代表する新聞のコラムが「もしかすると、朴槿恵大統領は男性と会っていた可能性もある」と書いたことを受けて、加藤支局長は「このような情報が韓国にはありますよ」というコラムを書きました。

すると、韓国の右翼団体「自由守護青年団」や「独島を愛する会」のリーダーたちが朴槿恵氏への名誉毀損だとして加藤支局長を告発し、ソウル中央地検は八月七日に加藤支局長の出国を禁止した。

二〇一四年九月二五日、出国禁止が、一応、なくなったというのですが、まだ「出国していい」という知らせが、産経新聞社にも来ていないそうです。どうやら朴槿恵氏が国連総会などに行っており、その帰国を待っているのではないかという、政治の動きに合わせた司法の動きがあるかのような情報もあります。

韓国において言論の自由は、いったいどうなっているのか。前章で詳しくお聞きしたように、善花さん自身も、言論弾圧によりお国に入れなかったことがありました。

呉　加藤支局長の件については、これはどう考えても名誉毀損に当たる話ではないですね。引用したものであるにもかかわらず、名誉毀損で訴えられました。しかも、そのうち起訴されるのではないかということまで言われていながら、じわじわと時間がすぎています（編集註／韓国の検察は二〇一四年一〇月八日、「朴槿恵大統領を誹謗する目的で虚偽事実を広めた」として、情報通信網法における名誉毀損罪で支局長を在宅起訴。ソウル中央地裁は二〇一五年一二月、無罪判決を下し、確定）。

私はこれは、日本に対する反日的な気持ちを強く表しているのではないかとみています。しかも、産経新聞は日本の大手紙の中でも一番「反韓」と……。

櫻井　反韓と見られていますね。

呉　ですから、加藤支局長を訴えた理由は、執筆した記事が名誉毀損であるということよりも、日本に対して反日姿勢を強く示す、それが大きな理由だと思います。というのは、韓国では安倍政権に対しても反発がありますが、その安倍政権を支えているメディアが産経新聞だと考えているのです。

櫻井　納得のいく説明ですね。

呉　本当は安倍政権を何とかしたいのでしょうが……。

櫻井　安倍政権を批判したい。

呉　そのためにも産経新聞を批判したいと考え、材料を探していたのでしょう。そうしたところ、加藤支局長があのような記事を書いたということで、韓国に対して厳しい見方や批判などをさせないための、いわば見せしめとして記事を利用したのです。

櫻井　加藤支局長は産経新聞の代表、安倍政権の代表として、政治的に罰せられているということですね。

呉　その通りです。

暗黒国家

櫻井　加藤支局長は朝鮮日報のコラムなどを引用したわけです。しかし朝鮮日報の記事を書いた記者には検察の事情聴取は行われず、参考人として書面調査書が送られたといいます。

産経新聞が、この朝鮮日報のコラムニスト、崔普植《チエボシク》記者に対し、質問に回答したかどうか取材したところ、「私が答える必要がありますか。検察に取材してください」とだけ答えたと、報道されていました。

呉　この記者は韓国記者団に送った文書では、自分のコラムを「大統領と大統領府の国政運営に関する批判だ」とし、「産経の記事は理解困難な低級な扇情報道だ」と断じた上で、自分のコラムには「産経が書いた『男女関係』の単語もなく、特定もしていない」「記者として生きてきた自身の名誉が毀損されたと感じなくはない。産経と結びつけられるのは不快だ」と主張したそうですね。

櫻井　産経の支局長が検察に呼び出され、事情聴取を二回（編集註／最終的には三回）

も受けて出国禁止になったことと、朝鮮日報の記事を書いた記者に対する扱いは、明らかに違います。でも、もともとは朝鮮日報の記者が書いたものですから、名誉毀損だというのなら、この記者こそが訴えられるべきではないでしょうか。

呉　本来ならば、そうであるはずなのですが。これはもう、名誉毀損でも何でもなく、明らかに日本の産経新聞に対する嫌がらせと脅しです。

このように時間がすぎてずるずるしていれば、日本のメディアはうんざりして、韓国批判をしにくくなるのではないか。そのような狙いがあると、私はみています。

櫻井　善花さんも日本で様々な言論活動をしていたところ、親戚を訪ねに韓国に行こうとしたら「入国拒否」という圧力をかけられた。このときの狙いは善花さんの言論を封じることだったのでしょうか。そういう措置を取れば、もう呉善花さんが韓国批判を書かなくなるというのが韓国の狙いだったのでしょうか。

同じように加藤支局長を訴えれば、朴槿恵氏に対して悪いことを書かなくなるということが狙いなのでしょうか。権力が強権的な姿勢を取れば、民間人はメディアであろうが何であろうが、言うことを聞くと考えているのでしょうか。

呉　これは、ただただ権力の問題だけではなく、いま韓国社会自らが、日本、特に日本統治時代のことについて評価できないムードになってしまっていることが大きな問題です。

櫻井　どんな形でも、日本を評価することはよくないのですか。

呉　少しでも日本統治時代の評価につながる、あるいはそう連想されることまで含めてよくありません。特に盧武鉉政権のときに、その空気がかなり強く形作られてしまいました。そのため、いまの韓国では日本評価そのものが、暗黙のタブーに近くなっています。そういう意味で、いまの韓国は日本について自由な言論活動ができない国なのです。

櫻井　その他のことは自由に書けるのですか（笑）。

呉　はい。ただ、外国に行って韓国を批判することも、また、問題となります。国内では結構、自国を批判しているのですが、外国に出て外国人に向かって韓国の批判をすると問題視されてしまうのです。身内の恥をさらしてはいけない、ということです。

特に日本統治時代に関しては、まったく何も言えない状態になってしまっている。

韓国最大野党の新政治民主連合（編集註／現在は「共に民主党」）が二〇一四年八月、国会で「これから『日本統治時代を評価する』と賛美するような個人、団体を罰する法律を作りましょう」と提案したほどなのです。

櫻井　はっは、暗黒国家ですね。

呉　法案は「日本帝国主義の植民統治および侵略戦争などを否定する個人または団体の処罰などに関する法律案」といい、「日帝強占期の日本の支配や親日行為を称賛したり、抗日闘争を中傷したりする行為、また独立運動家や旧日本軍の元慰安婦の名誉を傷つける行為を処罰する」としているそうです。

櫻井　絵に描いたような思想弾圧です。ジャーナリズムの教科の教科書に載せてもいいくらい。

呉　さすがに通ることはないとは思いますが、これはもう思想信条の自由の弾圧としか言えません。本来ならば、国家は時間がたてばたつほど、民主化していかなければならないところなのに韓国は違う方向に向かっているようです。

朴槿恵氏はプライバシーになぜ過敏なのか

櫻井　加藤支局長に対する言論弾圧を見ていて感じるのは、朴槿恵氏が自分のプライバシーに触れられることを極端に嫌っていることです。

もちろん、誰でもプライバシーを暴きたてられるのは嬉しくない、不愉快なことだとは思いますが、指導者は、ある程度、公人として皆に様々な目で見られるのは仕方がないと受け止めるべきではないでしょうか。あまり度がすぎたものは抗議するにせよ、大半は言論の自由の範囲内におさまるはずです。

たとえば安倍晋三総理については、「ニューヨーク・タイムズ」の社説などが、「タカ派だ」「ナショナリストだ」「歴史修正主義者だ」と、罵詈雑言の限りを尽くして非難しています。事実に反することについては日本政府も抗議していますが、形容詞的に「あいつは嫌な奴だ」というようなことをメディアが報じても、皆、無視しているわけです。

セウォル号の事故が起きた当日、朴槿恵氏の動静に七時間の空白があった。あんなに多くの、特に高校生が亡くなっている大惨劇の日に、最高指導者が七時間もいなくなった、所在がわからないというのは、異常なことです。そのことを加藤支局長たちは書いたわけですが、朴槿恵氏は強い嫌悪反応を示した。ちょっと通常では考えられない反応でしたね。

呉　公人というのは、ぎりぎりまで批判される覚悟がなければならないわけです。特にこの日は特別に大変な日だった。そこに空白の七時間があった。噂が出ても仕方のない状況です。だから韓国国内で様々な噂が出たわけです。

櫻井　具体的に？

呉　その空白の時間に、男性と一緒にいたという噂が流れ、それを朝鮮日報などが書きました。加藤支局長はその記事を引用してコラムを書いたわけです。

櫻井　朴槿恵氏は、この種の情報に極めて敏感に反応しましたね。たとえば二〇一四年九月一六日の閣議で、「（空白の七時間に）大統領が恋愛をしていたという話」について、野党議員が「うそだと思う」と発言したところ、朴槿恵氏は厳しく非難したというのです。

野党議員は明確に「うそだと思う」と述べています。それでも朴槿恵氏は「大統領が恋愛」という表現に憤って、次のように語ったのです。

「国民を代表する大統領に対する冒涜的な発言は度を越えている」「こうした政界の発言は育ちゆく世代に嫌悪感を与え、国会の品位を大きく落とす」

もちろん、朴槿恵氏の言い分にも一理あるかもしれません。また彼女は、独身であればこそ身辺の人間関係をきれいにしておき、あらぬ噂が立たないよう努力してきた人物であったかもしれません。だから「大統領が恋愛」などと言われて、潔癖を好む感情が害されたのでしょう。

それにしても、「うそだと思う」と否定しているのに、なぜこんなに怒るのでしょうか。

呉 その七時間というのは、とても特別な日の特別な時間でしたから、たぶん恋愛と結びつけられたことを許したくない気持ちなのではないでしょうか。ですから敏感に反応してしまった。

櫻井 ここまで敏感になるのには、彼女の生い立ちが関係しているのではないかと思うのです。

朴槿恵氏の父親は朴正熙氏であり、彼女は父親が大統領だった一六年間のうち一五年間、家族と青瓦台、日本で言えば総理大臣官邸に住んでいました。日本の官邸とまったく異なり、青瓦台はとても広くて、何重にも壁があってなかなか入れない。素晴らしいところですが、孤立した空間です。

孤立した広いお屋敷で暮らし、同年代の友達もいなくて、両親と妹と弟、召使いがいて、部下がいて、という状況です。

ところが、お父様の暗殺未遂事件が起き、流れ弾が当たってお母様が殺された。その後、お父様も暗殺された。すると、いままで寄ってきていた人たちが皆、いなくなった。彼女は、非常に孤独な、人を信用できないような人生を歩んできたといいます。

こうした状況と、彼女の猜疑心に富んだ反発は、深く関係しているのではないかと思うのです。

韓国人の頂点を演じた大統領

呉　朴槿恵氏は父親の朴正熙政権時代、韓国人から「お姫様」と呼ばれていました。いまもきれいですけれど、当時もとても美しかった。韓国の若い女性にとっては、あこがれの的でした。私もとてもあこがれていました。
櫻井　一国のお姫様、ですか。
呉　そうなのです。それこそお姫様という呼び方をしていましたから。
櫻井　実際にそう呼んでいたのですか。

呉　皆が「韓国のお姫様」と呼んでいたのです。ところが父親も母親も不幸な殺され方をされてしまった。それですごくショックを受けたのでしょう。

その上、それまですり寄ってきていた側近たちが全部離れていったのです。そのことで、とても人間不信になったことを、自伝で読んだことがあります。それからは人を信用しなくなってしまったようです。

そのため、「去る者は追わず」と、自分の考え方を貫く精神性になっていったのではないかと想像できます。自伝などでも、そのようなことが書かれています。

ですから大統領になってからも、あまりコミュニケーションを取らず、メールだったり、あるいはメモで渡したりすることが日常的だという話を聞きます。そのため、側近や閣僚らの多くと意思疎通ができない「不通《プルトン》大統領」と批判されています。

櫻井　加藤支局長のコラムでも、大統領の秘書室長に対する野党議員からの質問のやりとりが記載されています。そこでは「その際、大統領はどこにいましたか」とか「直接対面して大統領に報告したことがありますか」といった質問がなされているのですが、報告を伝えた手段の多くは、実際に会ったのではなく、メールやファクスによる書面なのです。側近にも実際に会っていないわけですから、彼女が誰も信じないということはよくわかります。

また、朴槿恵氏の表情についても、明るくないというか、弾けるような嬉しい笑顔というのを見たことがない。

呉　でも本当に若い頃は、とても明るい表情で、美しかったのです。大統領になってからの表情は、いつも暗いですね。笑顔のときも、とても暗い笑顔になっています。

櫻井　誰も信用しない。自分は大統領で最高権力者だから、完璧な人間というイメージを演じなければならないと思っているのでしょうか。だからこそ、男女関係などを一言でも指摘されると、かっとなって閣議で持ち出すということなのでしょうか。

呉　一言で言いますと、きれいごとを重んじる、完璧主義者なのです。国の指導者は聖人君子でなくてはならない、とも思っているでしょう。ですから表面的に、ものすごくきれいな自分を見せたいのではないでしょうか。

人には善と悪の両面があって、その悪ではない自分を彼女は出したい。でも、そのように振る舞えることは一般の韓国人の理想でもあるのです。韓国人は、「いかに自分は正しく生きているか」を表に形で示す、そうやって自分を「善き人」に見せたいという意識がとても強い。朴槿恵氏は、その頂点を演じようとしているのではないでしょうか。

「善い人」が一番の褒め言葉

櫻井　韓流ドラマがありますね。私はあまり見ないのですが、いくつか見た中で特徴的だったのは、ストーリー展開が非常に単純で、現実離れしていることです。普通の大人が見ると、最初は面白くても、すぐに飽きてしまう感じです。表層的な善悪しか描かれていない。

韓国人は、表面的に完璧な善や、完璧な美しさ、完璧性というものを取り繕おうとする傾向が強いのでしょうか。

呉　日本とは文化の違いがあります。たとえば日本人の場合は、少し物足りなさがあっても、「美しい生き方」をしようとしますね。しかし韓国人の理想は正しい生き方としての「善い生き方」なのです。

だから「私は善い人ですよ」とか「あの人は善い人ですね」ということが、一番の褒め言葉となるのです。

櫻井　でも、善いというのは判断が難しいですね。何が善いか悪いか。その基準は何なのですか。

呉　それは一つの儒教的な考え方なのです。倫理的、道徳的に正しい生き方をするということです。

櫻井　この番組（本書のもとになった『君の一歩が朝《あした》を変える！』）の視聴者からも、「韓流ドラマを見ていると登場人物たちは皆、善い人たちです。それなのになぜ、韓国は反日なのか。韓流ドラマと現実の韓国は、つながっていると考えてよいのか、それともまったく別物なのでしょうか」との質問がありました。

呉　実は韓国国内でも日常的には、日本人と会った韓国人はすごく楽しく過ごすことができます。毎日毎日、反日と叫んでいるわけではありません。そのために、多くの日本人は「私の知り合いは、反日感情はあまり言わないよ」「反日的な人はあまり見たことがないですよ」と言いますね。けれど、同じ韓国人でも政治や歴史認識、慰安婦、竹島の問題となると、ほとんど反日的な発言をしてきます。このような二面性を持っているのです。

韓流ドラマは日常の物語ですから、そこではいちいち反日的なことは言わないですね。

櫻井　ドラマの世界は韓国の人の、ごく表面にすぎないということですね。

呉　そうです。

櫻井　歴史学者の宮脇淳子さんが書かれた『韓流時代劇と朝鮮史の真実』（扶桑社）を読んで感じたのですが、韓国の宮廷ドラマは、華やかできれいですね。しかし、あれは歴史的な正確性といいますか、時代考証はなされていないと宮脇さんは書かれています。

たとえば、韓国の宮廷で着ているものはカラフルで美しいけれど、昔は韓国も日本もそれほど豊かな国ではなかったわけですから、染料がなかった。だから、ほとんど生成りの生地を着ていたという指摘です。韓流ドラマの時代劇で見るような、あんなきらびやかな美しい宮廷というのは、本当にあったのでしょうか。

呉　韓流ドラマは本当ではない理念的な理想、道徳的な善への志向、それを通俗的なフィクション仕立てで描いているのです。ドラマでは、現実ではあり得ないことがたびたび起きます。韓流時代劇では、みな色彩の鮮やかな服を着ていますが、実際にはほんの一部の人しか着ることができませんでした。下々の人たちは白か灰色、そのような色の衣服を着ていたのです。

櫻井　ドラマをそのまま信じないでくださいということですね。

呉　ドラマはドラマですから。

櫻井　お話を伺っていると、朴槿恵氏も、韓流ドラマの主人公たちのように、自分自身のイメージとして善を求めていることがよくわかりました。

呉　韓国人がそうですから、朴槿恵氏もそうなります。しかも、一番トップに立っている者として、完璧な隙のない自分を見せなければならない。それは倫理的、道徳的に悪い人間のイメージを与えてはならないということです。

その逆に、道徳的に悪い人間のイメージとなったときは、周りからものすごく叩かれます。つまり相手がそこを弱点とし、批判の材料とするのです。彼女には恐らく、そのようなことも無意識にあると思います。

韓国人がユダヤ人を大好きな理由

櫻井　朴槿恵氏の家族関係については、一部の週刊誌などでも書かれています。人間ですからもちろん、完璧な家族などそんなにないでしょう。でも彼女は完璧な家族関係にしたい。少なくともそう見せたい。そこで、心理的にかなり無理をしている面があるのではないでしょうか。

呉　それは韓国人なら誰もがそうです。それが韓国人の生き方なのですから。朴槿恵氏はその最も典型例、頂点と考えればよいのです。だからこそ常に「私は善い人ですよ」というメッセージを相手に伝えようとするのです。「私は悪人ではないですよ」「でも、ある者が私を苦しめていますよ」というわけです。だから、韓国人は日常的によく「私はある者によって苦しめられている」という言い方をします。

韓国人によるいまの反日感情のあり方も、それで説明できる部分があります。韓国人はとても「善きもの」なのです。善きものとはこの場合、いくら害されても、自分から攻撃することのない存在です。それが韓国人の一番の誇りなのです。

櫻井　自分がいくら害されても、攻撃されても、自分からは攻撃しない。本当にそうですか。現実の韓国人を見ると、正反対ではないですか。

呉　まず、「我が民族」の歴史がそうだったという認識の下に、それが韓国人の「理想の姿」だと思われている、ということなのです。実際には、何回か日本の対馬に侵攻しているわけですが、「あれは占拠されている我が領土を奪還するためのものだ」

といった理屈をつけて除外しているのです。ということで、我が民族は自ら他国を攻撃したことは一回もない、ということになっています。

韓国人はしばしば「我が民族」を、「恨の多い民族」と呼びます。それは長い間、北方からの侵略、外圧に悩まされ続け、国内では苛酷な専制支配下に置かれてきた歴史があるからです。

韓国には「我が民族は、他民族の支配を受けながら、艱難《かんなん》辛苦の歴史を歩んできたが、決して屈することなく力を尽くして未来を切り開いてきた」と自分たち民族を誇る精神的な伝統があります。

これを別の側面で言うと、韓国人はユダヤ人が大好きだということにつながります。ユダヤ人は歴史上、数々の迫害を受け続けてきました。しかしながら、決して屈することなくその辛苦に耐え、しっかりと民族を維持し続け、一度たりとも自分たちから他の民族を攻撃することがなかったと、そういうふうにユダヤ人をイメージ化しているのです。

韓国人は、自分たちもユダヤ人と同様だと考えているのです。華やかではないけれど、我々はユダヤ人のように「善なる民族」だということです。そこで韓国人は、自分たちとユダヤ人には、なんの罪もない優秀な民族が苦難の歴史を歩んできたという歴史的な共通性があると考えます。そして多くの韓国人クリスチャンが、ユダヤ人がそうであるように、我が民族もまた神から選ばれた特別の民（エリート）であり、最終的な救済を約束された民である——という認識をもつようになったのです。

櫻井 はぁ……。

呉 ご存じの通り、韓国はキリスト教が盛んです。二〇〇五年の国の統計では人口の二九・二％がキリスト教徒でした。現在では三〇％強とみられます。

韓国人がキリスト教を受け入れやすい要素の一つに、いま言いました苦難の歴史を歩んだユダヤ人・イスラエルの民と自分たちの境遇を重ね合わせる意識の強い働きが挙げられます。

実際、そのように説く韓国人牧師は多く、韓国がキリスト教を受容した理由の第一をそこに求める論者も少なくありません。こうした考えは、すでに韓国の初期キリスト教にあったのですが、戦後に「反日民族主義」と結びつき、より強固なものとなっていきました。

それはつまり、こういうことです。戦後の韓国は、反日民族主義を国是として出発しました。「日本帝国主義の支配」によって我々は無実であるのに国を奪われ、国土を奪われ、富を奪われ、言葉を奪われ、文化を奪われ、苛酷な弾圧下で苦難の歴史を歩まされたという認識です。そうした「無実の民」が蒙った「苦難の歴史」、その「誇りの回復」というところで、反日民族主義とキリスト教は一致しています。

そしてここに、「日本人はそのように善なる韓国人を苦しめてきた」、つまり「人類の普遍的な倫理への罪を犯した日本人」という反日の物語ができ上がるのです。

そこでは日本人は永遠の悪しき人であり、韓国人は善なる人です。いまの反日感情のあり方や、慰安婦問題をこれほど執拗《しつよう》に責め続けていることの奥には、そのような幻想の世界がある。しかし韓国人からすればそれは紛《まご》うことなき現実なのです。

夢の世界が真実の世界に

櫻井　慰安婦問題について、朝日新聞は二〇一四年八月、吉田清治氏の証言は虚偽だったと認め、関連記事を取り消しました。吉田清治という人物は、善花さんの故郷でもある済州島へ行って、自分自身が慰安婦になる女性たちを強制的に連行してきたと言った人です。この人の言ったことが基になり、日本軍が強制連行をしたと言われ始めました。

だから、この人の言ったことが嘘だったとなれば、それがたった一つの証言ですから、強制連行はなかったことになります。でも朴槿恵氏はその後に、「それでも生きているおばあさんたち、ハルモニたちの証言がある」と言いました。このハルモニたちの証言は、これはもう日本人も含め世界中の人が気の毒だと思いますよね。貧しさのために身を売った、そういった社会状況の中で身を売った。本当に気の毒だと思います。

ただ、強制連行ではなかったという観点から見れば、日本人女性の中にも多く、身を売らなければならなかった人がいました。これら日本人女性は誰一人、そのような訴えはしていない。それは仕方がなかったのだと、じっと自分の中で飲み込んでいる。

韓国の人たちは「日本にこんなにひどいことをされた」「奴隷のようにされた」と言います。けれども、慰安婦になったということは、強制連行ではなく、時代背景があった。それは自分たちが甘んじて受けた宿命なのだという気持ちが、私たち日本人の側にはあります。

ですから、本当にお気の毒だけれども、いま、韓国人から「強制連行された」と言われても、本当に困りますよねというのが私たちの気持ちです。でも朴槿恵氏は「このおばあさんたちの証言があるではないか」と言う。

「我々韓国の方が被害者なのだ」というのは、いま善花さんが指摘された「我々は善なる者であり、いつも日本が悪い。だから日本を責めるのだ」という心理構造と重ねられるもの、つまり同じものと考えてよいのでしょうか。

呉　そうです。ですから、たとえば朝日新聞が吉田証言は誤りだったと謝罪しても、韓国は認めたくはない、「同じような事実はいくらでもある、まさしくお婆さんたちが証言しているではないか」と歯牙にもかけないのです。

櫻井　認めたくないから、認めない。

呉　そうなのです。それを認めたくない理由があるのです。実際には、貧困から親が娘を売ったり、韓国人の女衒《ぜげん》に騙されたりしたことがたくさんあり、体験者に限らず、戦前世代の多くがそうした事実のあったことを言わずもがなで知っているわけです。真実は、惨めなものなのです。惨めな真実を口に出したとたんに、善なる夢の世界が壊れてしまいます。だから、真実を認めたくない。そのために恨をぶつけて抵抗していくのです。そうして抵抗していくうちに、夢の世界が真実の世界になってしまうのです。

皮膚感覚での反日

櫻井 そもそも、どこの国でも戦争のときには慰安婦という存在があります。

呉 そうですね。それは女性が自ら、慰安所へ入ったものでした。お金のためにです。多くは貧困ゆえのことですが、これは一つの仕事なのですね。

櫻井 家族を養わなければならないとか、自分自身も生きていかなければということもあったでしょう。

呉 そうなのです。仕事の一つとして、彼女たちはそうやって生きていったわけです。どこの国でもね。

韓国の慰安婦問題で困ることは、これまでは強制連行があったかどうかが問題となっていましたが、最終的に証拠がないとわかったいまとなっても、依然、お金をもらって仕事として慰安所で働いたことと、強制連行とが一緒くたに論じられてしまっていることです。証言しているおばあさんたちは、まさにそういうことで日本を攻撃しています。

それともう一つ、日本の女性にだってたくさん、身を売った人たちがいたわけです。でも何も言わないというのは、それはやはり、家族のために、やむなく稼ぐために、仕事をしていたからです。もちろん、多くのそういう女性たちが惨めな気持ちでいっぱいだったことでしょう。しかし、それを誰かのせいにして、私はこんなに苦しめられたと声を大にして主張することは、日本人にはまず見られません。

しかし、韓国人の場合は、日本軍の強制があって慰安婦にさせられたのだ、という物語が作られていくのです。日本の左翼活動家が強制連行を入れ知恵し、これを韓国の活動家が受けて、同じように主張するようになった。それで多くの元慰安婦たちは、救われた気持ちになったのですね。それまで国内では、「日本人に身体を売って儲けていた女たち」と見下されていたのが、一転して「そうではなかった、日本軍に強制されて仕方なく慰安婦になったのだ」となったからです。それで積極的に、活動家の主張に合わせた「証言」をする元慰安婦たちが出てくるようにもなったわけです。

日本が悪である以上、韓国人はどこまでも善でなくてはならないのです。

櫻井　韓国人の反日は、頭で考えることというよりは、体に染みついた生理的なものでしょうか。

呉　一つは、道徳的な善を最高の価値とする朱子学の理念が、情念のレベルにまで染みこんでしまっていること。もう一つは、反日教育によって、「日本人はこれほどひどいことをした」と、生理的な感覚に響いてくるようになっていること。そういうことで、反日は頭での反日、イデオロギー上の反日というよりも、皮膚感覚での反日となってしまっています。慰安婦問題では、「我が民族の無垢な少女たちが肉体を汚された」ということで、生理的な嫌悪感がどこまでも増幅しています。

櫻井　韓国では少女をモデルにした像を建てて韓国人の嫌悪感を煽っていますね。慰安婦であった方は「少女」ではありません。「少女像」という呼称も誤解を増幅させます（編集註／二〇一七年二月、日本政府は像の呼称について「慰安婦像」に統一）。

呉　二〇一一年の東日本大震災による原発事故でも嫌悪感が拡がっています。あの事故の後、韓国では「日本の食べ物は全部、汚染されている」というイメージを過剰に増幅させました。韓国のスーパーに行くと、日本の食べ物はいま、ほとんどなくなってしまいました（編集註／二〇一四年九月時点）。日本の食べ物を見ると、まず生理的に気持ち悪く感じてしまうというのです。

櫻井　そうですか。

呉　そうなってしまっているのです。放射性物質の問題と慰安婦の問題が相まって、「反日」に加えて、皮膚感覚で「日本、嫌だ」という「嫌日」「侮日」感情が拡大している現状があります。

儒教国なのになぜ売春婦が多いのか

櫻井　韓国の人がそこまで、皮膚感覚で「反日」「侮日」になってしまったら、私たちはどこから話をしてよいかわからなくなります。でも、少し冷静な目で韓国自身を見ると、韓国には、いまも身を売る女性がいるわけですね。

呉　依然として多いですね。韓国では盧武鉉政権の二〇〇四年、「性売買特別法」と呼ばれる売春禁止特別法が制定され、国内での取り締まりが強化されました。このため、多くの売春婦たちが外国へ逃げているのです。だから日本でも韓国人売春婦がとても増えています。

一九九〇年に私が『スカートの風　日本永住をめざす韓国の女たち』（三交社、後に角川文庫）を書いたときには、東京近辺だけで韓国人売春婦が約一万人いると言われていました。いまは日本全国で五万人くらいと言われています。もちろん、東京など大都市に多く集まっているでしょうが。

日本だけではなくて、たとえばアメリカにもいま、三万人くらいの韓国人売春婦がいると言われています。主な大都市には、韓国人の売春婦がたくさん入り込んでいるのです。ほかにもオーストラリアなど、様々な国に流れています。

アメリカにおける売春婦の国別のデータが出されています。

櫻井　アメリカ保健福祉省からデータが出ましたね。

呉　アメリカで二〇〇六年に、外国人売春婦の国籍を調べたところ、一位は韓国で二三・五％、二位はタイで一一・七％、三位はペルーで一〇％という結果だったというのです。実に四人に一人が韓国人でした。

二〇一二年六月一五日付の「朝鮮日報」は〈韓国人女性による海外での売春が増えたのは、韓米のビザ免除プログラムにより、二〇〇八年にノービザでの米国旅行が可能になったためとの主張もある〉と書いています。

韓国の売春婦は貧困な時代だけではなく、いまもずいぶん多いのです。これだけ経済的に豊かになっているのに、それでも売春をする女性たちがたくさんいるのです。先の「朝鮮日報」によると、韓国女性家族部（省に相当）が二〇〇七年に行った実態調査で、韓国の風俗産業の経済規模はおよそ一四兆九五二億ウォン（当時のレートで約九六二二億円）と試算されています。これは、この年の国家予算二三九兆ウォン（同、約一六兆円）のおよそ六％に相当する額です。また、韓国全土で四万六二四七カ所の風俗店が営業し、これらの店で働く女性は二六万九七〇七人に達したといいますが、実際の数はこれよりもはるかに多いと考えることもできると記事は結んでいます。そういうことから、もはや売春を合法化したほうがよいのではないかと検討されてもいます。

櫻井　韓国の人たちは自国を「儒教の国だ」と言いますね。倫理を大切にすると言います。そして、これまでご指摘いただいたように、韓国人には表面的に、自分たちはパーフェクトな善なる存在でありたい、そういう形を作らなければならないと思う価値観がある。

その一方で、アメリカ保健福祉省の統計で、アメリカ全土にいる外国人売春婦の約四分の一が韓国の人だと言われるような実態を作ってしまう。この二つ、本音と建前という言い方がありますが、あまりにもギャップが大きいことを、私たちはどう理解したらよいのですか。

呉　韓国で本音と建前が大きく乖離していることは事実です。ただ、問題は売春だけではありません。日本の凶悪犯罪、殺人・強姦・強盗の発生率は、ＯＥＣＤ（経済協力開発機構）諸国で最も低いですね。国連薬物犯罪事務所の統計をみると、韓国の犯罪発生率は殺人で日本の約三倍（二〇一一年）、強盗も約六倍（一〇年）と高いのですが、強姦となると約八倍（〇四年）となります。強姦の発生率では、オーストラリア、アメリカ、イギリス、スウェーデンなど、プロテスタント系の諸国が上位を占めています。プロテスタントが倫理的に厳格な宗教であることは言うまでもありません。これもまた本音と建前の乖離なのでしょうか。

倫理に厳格な宗教や儒教の影響の少ない日本が、それらの諸国よりも、ずっと倫理・道徳をよく守っていることは明らかです。結論は出せませんが、そうした現象が何を意味しているのかを考えるのは、とても重要なことだと思います。

一七世紀から続く女性差別

櫻井　朴槿恵氏が大統領となり、日本より先に韓国では女性大統領が生まれて、形の上では日本よりはるかに前を進んでいる国で、やはり女性が下に見られている。身を売るところに多くの女性が流れていってしまう。その一方で、日本の慰安婦問題を、国を挙げて叩いて、叩いて、叩くという。私たちから見ると非常にわかりにくく、矛盾しています。

呉　国内の矛盾から国民の目をそらすために他国を敵とする。中国もそうですが、一つにはこの政治力学があります。もちろん国民はすぐそれに乗るわけです。韓国は慰安婦問題を日本を叩くために持ち出しているのですが、持ち出せば持ち出すほど、実は韓国の女性に対する侮辱的な行為になると私は思うのです。

櫻井　韓国の男性に対しても侮辱的ではありませんか。なぜなら、朴槿恵氏は「強制連行だ」と言いますよね。慰安婦の碑には、二〇万人もの人が朝鮮半島から連れていかれたと書かれていますが、ではそのとき、韓国の男は何をしていたのかということになります。

これは作家の百田尚樹さんが指摘したことです。「韓国の女性が日本軍に強制連行された、と彼らは言うが、現地の警察官はほとんど朝鮮の人だった。では現地の朝鮮の男たちは、同胞の女性たちが連れて行かれるのを黙って見ていた、もしくは手伝ったのですか。それが韓国の男性なのですか」という指摘です。私も、百田さんの言う通りだと思います。

ですから、慰安婦問題を持ち出せば持ち出すほど、韓国の女性に対する侮蔑になり、韓国の男性に対する侮蔑にもなると思います。

呉　そうですよ。「娘を強制的に連れて行くその姿を見ながら、村の人たちはそのまま見逃していたのか」ということですね。韓国人はいったい何をしていたのかとなります。娘一人、女性一人守ることができなかったのなら、だらしないことではないかということです。

「それは日本軍が怖かったから」と言うかもしれませんが、それでも自分の命を投げ出してでも、自分の子供たち、娘たちを守らなければならないのではないでしょうか。守るべきものですよね。なぜ守れなかったのか、守ろうとしなかったのかをこそ、考えなければならないと思いますね。

櫻井　本当に二〇万人が強制連行されたのなら、そういうことになります。

呉　慰安婦問題と言えば日本のことばかり言われますが、実は一六三〇年代に、あることが起きています。

櫻井　清朝の時代ですね。日本では江戸時代が始まって間もなくの頃です。

呉　そうです。韓国（朝鮮）は一六三六年に清の侵入を受けたのですが、清側に支払うお金がなかったので、韓国は人を贈ったのです。そのときに男性も女性もということで、女性も多く連れて行かれました。約六〇万人と言われていますが、その半分くらいが女性だったそうです。特に朝鮮半島の北部は美女が多く、たくさん連れて行ったと言われています。

その際、清から何とかして逃げてきた女性もたくさんおり、彼女たちは「還郷女《ファニャンニョ》」と呼ばれました。「故郷に戻ってきた人たち」という意味です。ですが、これはなんと、彼女たちを温かく見守ろうという意味の言葉なのではなく、彼女たちを卑しいと後ろ指を指す言葉なのです。

櫻井　いじめたのですか。

呉　すごくいじめて、侮蔑しました。とにかく「汚い女」という意味として、彼女たちを差別しました。この言葉がいまは「ファニャンニョン」と語尾に「ン」がついて、現在でも使われています。女性を侮蔑してけんかするときや、相手に悪口を言うときに、「ファニャンニョン」と罵ります。

櫻井　一七世紀の言葉が、いまも女性蔑視の言葉として使われている。

呉　身を売る女、とても汚い女という意味で使われているのです。

ですから、結局これは、本当にどう考えればよいのでしょうね。いま、日本に対して慰安婦問題をこれだけ持ち出していますが、実は清、つまり中国に対しても、文句を言わなければならないのです。ところが、中国には何も言わず、それどころか、戻ってきた同胞の女性たちに後ろ指を差している。四〇〇年近く前の言葉を、いまだに悪口として使っている。

すると、いまの韓国は「従軍慰安婦問題」と叫んでいますね。何百年かたったら、では慰安婦という言葉はどうなるのでしょうか。世界中の人々にとって、「慰安婦＝韓国の女性」というイメージが植えつけられることになるのです。慰安所へ通った日本の男性のイメージは、その頃にはもう消えているでしょう。

慰安婦という言葉が韓国の女性のとんでもないイメージとして残っていって、世界的に拡まることになりますね。余談ですが、私はある韓国人の女性評論家、後に国会議員となり朴槿恵政権で広報を担当した人ですが、彼女からかつて「現代の従軍慰安婦」と非難されたことがあります。「日本人に身を売った卑しい女」ということなのですね。まさしくこれが、韓国人慰安婦に対する本音なのです。

北朝鮮を弱くすれば韓国になる

櫻井　お話を伺っていると、北朝鮮と韓国の対日政策は、嘘をついたり、日本からすれば自分勝手という部分で、かなり似ている印象を受けました。こんなことを言うと韓国の人に怒られるかもしれませんが、やはり朝鮮民族として南北両国民は似ていると思います。

呉　それは長い間、儒教、特に朱子学が核になってきた民族ですから、似ているというより本質は同じということではないでしょうか。

　韓国がいま、国民の半分程度が親北朝鮮になってしまった理由も、そこにあります。北朝鮮の人と、やはり情緒的に、心情的に気持ちが合うのです。だから、「民主化」以後、本格的には二〇〇〇年の南北首脳会談以後、韓国がすぐ親北朝鮮に傾いたということですね。

櫻井　その場合の北朝鮮とは、一般国民のことでしょうか。それとも金日成、金正日、金正恩と続くこの金王朝の極めて身勝手な考え方にも、韓国の人たちはある程度、共鳴していると考えてよいのですか。

呉　韓国を極端化したら北朝鮮になる、と言えます。見かけの政治体制は異なりますが、その違いは本当は程度の違いなのです。なぜなら、韓国と北朝鮮は本質的には同じだからです。だから、「いまの韓国の政治体制を強化すれば北朝鮮になる」と思えばよいし、「いまの北朝鮮の政治体制を弱化すれば韓国になる」と考えれば、よくわかると思います。

韓国と北朝鮮は戦後、すでに七〇年も違う道を歩んではきましたが、よく見ると、本当に同じだなと感じます。だから韓国人は北朝鮮のことがよくわかるのです。

櫻井　韓国と北朝鮮、私たち日本人から見ると、国のあり方が違うものですから、国民性や国の形も違うと思いがちです。けれど、民族性という意味において、韓国と北朝鮮は本当に、非常に似ているということですね。

（二〇一四年九月二六日放送）

第5章

赤い韓国はいかにして作られたか

金正日に魅せられた韓国

櫻井　日本人の私から朴槿恵政権を見ると、それなりに韓国国内の親北朝鮮の勢力と戦っている印象を受けます。たとえば、韓国には日本の日教組より左寄りと言われる最左派の「全国教職員労働組合（全教組）」がありますが、朴槿恵政権は二〇一三年一〇月、全教組を法の保護下に置かない「法外労組」に認定し、非合法化しました。

また、北朝鮮のエージェントではないかと言われていた親北朝鮮の左派政党「統合進歩党」について、朴槿恵政権は二〇一三年一一月、党の解散審判を憲法裁判所に請求し、翌二〇一四年一二月、憲法裁判所の決定により同党は強制解散しました。さらに中学・高校の歴史教科書をめぐっては、検定版の教科書が北朝鮮を肯定的に描くなど「左派的」だとして、国定版の作成を推進しました。

日本からみると、朴槿恵氏は反日的ですが、韓国国内の親北勢力と戦っていると思える行動が見られます。この点は、私は評価しています。

呉　朴氏が戦っているように見える彼らは、親北というよりは従北と言うべき集団なのです。いずれにせよ、左だろうと右だろうと、政権にとって危険な力となり得る存在は、何としても排除しようとするだけのことです。親北といっても一般の人のそれはイデオロギー的なものではなく、心情的なものであり、大切なのは「国家よりも民族」という民族感情なのです。朴槿恵氏にしても、そういう意味での親北なのです。

韓国では現在、若者をはじめとした国民の約半分が親北朝鮮になっています。親北朝鮮派の中には、先頭に立って闘う人々がいますが、彼らは反朴槿恵政権の立場を取っています。だから国内で、朴槿恵政権がまず戦わねばならない相手は、親北勢力となっているのです。

櫻井　朴槿恵氏の反日は、自分が親日ではないことを示すための反日だと言われていますが、反日どころかその前に、国内で親北勢力と戦わなくてはならない状況です。なぜ、韓国では親北勢力が力をつけたのでしょうか。

呉　一九九八年に発足した金大中政権は「太陽政策」を取りました。イソップ寓話「北風と太陽」になぞらえ、「北朝鮮の頑な態度を改めさせるためには、圧力ではなく温情が必要である」という考えから融和的な政策を取ったのは、ご存じの通りです。

それ以降、韓国は親北朝鮮に傾いていますが、当時の北朝鮮の最高指導者は金正日総書記でした。日本人もご存じの通り、金正日総書記が存命中、その肉声を聞いたことがある人は、あまりいませんでした。

櫻井　日本でも、そうでしたね。

呉　韓国でも、ほとんどいませんでした。金正日総書記は独裁者でしたが、表に出て来ないので会話ができない人なのではないかと思っていた韓国人もいたほどです。

しかし二〇〇〇年六月、当時の金大中大統領が北朝鮮を訪れ初の南北首脳会談を行ったとき、金正日総書記は平壌の順安空港まで出迎えに来ました。しかも彼は、朝鮮の伝統ともいえる、年長者を敬う態度を見せました。金大中氏は年上だったので、彼は金大中氏に一歩前を歩かせるなどの気遣いを見せたのです。

また、滞在中の演説やパーティーで、金正日総書記はユーモアを見せました。それ以前は、彼にユーモアのセンスがあるとは、誰も思っていませんでした。肉声すら聞いたことがない人が大半で、話ができないのではないかと疑っていたのに、実は話し上手でものすごくユーモアがあった。韓国で金大中氏は話し上手だと言われていましたが、金正日総書記はそれ以上に話し上手だということで、多くの韓国人は驚いたのです。

櫻井　私も金大中氏の演説を聞いたことがありますが、舌を巻くくらい、うまかったです。

呉　金正日総書記は演説がうまいだけでなく、普段の話もうまいそうです。

金大中氏との南北首脳会談を受けて、韓国メディアは「金正日総書記は素晴らしい」という報道を続けました。すると韓国国内では、彼に対する不信感があっという間になくなったのです。

南北首脳会談以前、金正日総書記を「よくわからない人物」ととらえていた人が多かったため、意外な一面を見て、感動したのかもしれません。彼は、朝鮮半島で帝王学を学んだ唯一の人だということも不信感を取り除いたことに関係しているかもしれません。

櫻井　韓国では、帝王学を学んだ人はいないのですか。

呉　一人もいません。韓国では、大統領であっても子供の頃から王様の教育を受けるわけではありませんからね。

櫻井　韓国の人は王様のような人が好きですね。権威を持っている人に対しては、批判精神がなくなってしまう。

呉　帝王教育となれば、最も高い徳を身に付けるわけです。だから、「さすがに金正日総書記は素晴らしい」と評価した人が多くいたのです。

彼は大勢の前での演説よりも、少人数、小グループのときの人との接し方が非常に上手だったそうです。たとえばメディア関係者らと面会したときは、一人ひとりの名前を呼びながら接してきたらしく、皆、驚いたといいます。だから韓国メディアは南北首脳会談のときから、北朝鮮に好意的な報道を続けたのです。

「二世同士、うまくやりましょう」

櫻井　朴槿恵氏も国会議員時代の二〇〇二年、北朝鮮を訪れて、金正日総書記と会談を行い、握手までしました。その写真を見て、私は妙な印象を受けました。

朴槿恵氏の母親である陸英修《ユクヨンス》氏は、一九七四年の文世光事件で在日朝鮮人に殺害されました。一九七九年には父親である朴正熙氏も、側近だった金載圭《キムジェギュ》ＫＣＩＡ（韓国中央情報部、現国家情報院）部長に暗殺されました。

文世光事件は、北朝鮮からの指令で在日朝鮮人が韓国に行き、朴槿恵氏のお母様を殺した事件です。

呉　そうですね。

櫻井　つまり、金正日総書記が事実上、殺すよう命じたと言ってよいのですが、その相手のところに行って、握手までして、笑顔で話をした。その点は理解できません。

呉　儒教的な考え方からすると、朴槿恵氏にとって彼は生涯恨み続けなければならない相手です。そのように身を処すことが、韓国人の「孝」であり、倫理的な善です。しかし、彼女は自分の母親を殺した人に会って、ニコニコ笑って握手までしました。

その際、金正日総書記は朴槿恵氏に謝ってきたそうです。文世光事件の事実関係を認めて「自分の意志ではなく、下の人たちが勝手にやってしまって申し訳なかった」と謝罪したというのです。

そのときに、朴槿恵氏が金正日総書記に言ったせりふは、こうだったと伝えられます。

「二世同士、うまくやりましょう」

櫻井　二世同士、ですか。

呉　そうです。自分も金正日総書記も、偉大なリーダーの長女、長男ということなのでしょう。

そして朴槿恵氏は、この会談後、金正日総書記を高く評価するようになりました。彼女の著書などを見ると、金正日総書記は韓国のこともよく知っている人であるなど、様々な意味で評価するようなことを書いています。

実際、それ以来、朴槿恵氏は北朝鮮に対してあまり激しいことを言わなくなったのです。彼女自身がかなりの親北となり、これまでも北朝鮮を刺激しないように努めているというわけです。

櫻井　北朝鮮から帰ってきて、実は朴槿恵氏自身が親北朝鮮になっていたのですね。

呉　そうです、前にも増して、ですね。保守の政治家であった朴槿恵氏はこうして、金正日総書記と和解し、明らかな政治的転向を果たしたのです。

櫻井　政治的転向ですか。それにしても、保守政治家の雄であり北朝鮮と激しく対立していたはずの朴正熙氏の娘がなぜ転向したのでしょうか。

親北ムードを利用した

呉　そのことを理解するには、朴槿恵氏が金正日総書記に会いに行った時期に注目する必要があります。

朴槿恵氏が政治家になったのは、一九九八年四月の国会議員補欠選挙でした。晴れて国会議員となり、二〇〇〇年に当時の野党、ハンナラ党副総裁に就任します。

彼女は政界入りの前後から、鄭《チョン》ユンフェという人物と組み、彼が朴槿恵氏の秘書室長を務めて、補佐官の役割を果たしていくようになります。

鄭ユンフェ氏は、朴槿恵氏に近かった牧師、崔太敏《チェテミン》氏の娘婿ですが、この鄭ユンフェ氏こそ、産経新聞の加藤支局長のコラムに引用された「朝鮮日報」の記事でセウォル号事件当日の空白の七時間をめぐり、〈「大統領はあの日、ある場所で誰かと密会していた」といううわさが流れた〉〈うわさ話に登場していた鄭ユンフェ氏〉と名指しされた人物です。

二〇〇〇年六月に当時の金大中大統領と金正日総書記による初の南北首脳会談が行われ、朴槿恵氏は翌二〇〇一年に、その翌年に行われる大統領選候補に名乗りを上げます。そして国民参加の大統領予備選などの党改革を要求しますが、党に拒否されたことを理由に、二〇〇二年二月にハンナラ党を割って飛び出し、新党を結成して自ら大統領選に打って出ようとしたのです。

櫻井　朴槿恵氏が平壌を訪問して金正日総書記と会談したのは、二〇〇二年五月のことでしたね。

呉　そうです。当時、韓国国内は金大中政権による「太陽政策」のもと、空前の親北ブームに沸いていました。ですから、金正日総書記と直接会って和解することで、自らも親北の立場であることを国民に強くアピールしたかったのでしょう。大統領選を前に、それだけ力のある特別な人間だと示したかったのです。

櫻井　「朴正煕の長女と金日成の長男の会談」ですから、確かに〝歴史的な会談〟です。

呉　朴槿恵氏は金正日総書記と会談した五月一三日の四日後に、「韓国未来連合」という政党を結成して党代表に就任します。しかし党勢は容易に上昇せず、六月一三日に行われた統一地方選挙では得票率一・一％と、思うような支持が得られませんでした。そこで朴槿恵氏は立候補をあきらめ、ハンナラ党の合流要請に応じる形で、自分の新党を解党して元のさやに収まったのです。

ともかく、南北首脳会談以降、親北ムードが韓国世論の大勢を占めていく流れの中で、多くの政治家同様、朴槿恵氏もまた自身の政治生命を第一に考えて、自分にしかできない形で親北姿勢を国民に示したのです。

金大中と和解した朴槿恵

呉　親北への転向の中で、朴槿恵氏は金大中氏とも和解を図っています。金大中氏といえば、父親の朴正熙氏が最も恐れた政敵であり、朴正熙政権下の一九七三年、KCIAに東京で拉致され、殺害一歩手前までいった体験を持つ人物です。いわば宿敵でした。

櫻井　金大中氏は李承晩政権時代からの政治家で、一九七一年の大統領選では、朴正熙氏が六三四万票、金大中氏が五四〇万票と、金大中氏は僅差で落選しました。

呉　そうですね。大統領選の翌一九七二年、朴正熙政権は「維新体制」と呼ばれる事実上の独裁体制に移行しましたが、その一因には、南北統一と国内民主化を強く主張する金大中氏への国民の支持が無視できないものとなっていったことが挙げられます。

ちなみに金大中氏は、大統領選の直後、不慮の交通事故に遭い、片足を引きずって歩く障害が残りました。事故を偽装した暗殺工作だったと言われています。

そして一九七三年八月、金大中氏は東京に滞在していたとき、ホテルグランドパレスでKCIAの工作員によって拉致されます。神戸から出港した工作船の船上で金大中氏がまさに殺害されようとする寸前、日本の自衛隊機が船の上を旋回して威嚇したため、殺害は中止されました。しかし、ソウルの自宅に軟禁状態に置かれました。また金大中氏は一九七六年三月には「民主救国宣言」を発表したことで逮捕され、懲役判決を受けて、一九七八年三月まで獄中生活を送っています。

櫻井　「民主救国宣言」とは、三・一独立運動五七周年に当たる一九七六年三月一日に、金大中氏らが言論の自由や朴正熙政権の退陣などを要求した宣言文ですね。

呉　そうです。朴正熙氏の死後、メディアは金大中拉致事件と朴正熙氏の関係を追及し始めました。朴槿恵氏も事件について、たびたびインタビューを受けていますが、「父は拉致の事実を知らなかった」と弁明しています。

櫻井　朴槿恵氏の自伝『絶望は私を鍛え、希望は私を動かす』（晩聲社）にも、〈金大中氏が拉致されたと報道されたとき、父が「つまらないマネをした」と怒った声で不満を口にしているのを、私は横で聞いていた〉と書かれています。

呉　そうです。だから事実は不明です。

話を戻すと、朴槿恵氏は、政界入りした当初から親北の政治家、金大中氏にシンパシーを感じていたようですし、国を挙げての親北ムードの中、金正日総書記に続いて、親北派の巨頭である金大中氏との和解も模索していたのだと思います。

金大中政権が三年目に入った二〇〇〇年九月、野党ハンナラ党は、李会昌《イフェチャン》総裁のもと、金大中政権の閣僚の圧力により起きた銀行不正融資事件などを理由に釜山で「金大中政権糾弾大会」を開きました。ところが、ほとんどの党所属議員が参加した大会に党副総裁の朴槿恵氏は参加せず、独りソウルに残って静観したのです（二〇一四年一〇月一六日付「中央日報」）。

そして彼女は二〇〇四年三月、ハンナラ党党首に就任し、それから間もない八月、金大中氏を訪ねて、こう述べました。

「父の時代に多くの被害を受け、苦労されたことを、娘として謝罪申し上げます」

朴槿恵氏はまた、南北首脳会談で金大中氏と金正日総書記が交わした南北共同宣言「六・一五共同宣言」を高く評価しました。会談から四年後の二〇〇四年六月一五日、共同宣言四周年を記念する学術発表大会で「六・一五共同宣言を継承発展する」と述べています。

『月刊朝鮮』（二〇〇四年八月号）のインタビューでは、〈六・一五共同宣言が歴史的に韓半島の平和定着に寄与した大きな意味がある。これを認めるべきだ〉と語っています。このときには、北朝鮮の核放棄を楽観する姿勢も示していました。

櫻井　それから間もなくの二〇〇六年一〇月に北朝鮮は初の核実験を強行しましたね。

呉　そうです。完全に甘い見通しだったわけですが、朴槿恵氏はその後も「六・一五共同宣言」を尊重する態度を崩しませんでした。

これまで見てきたように、朴槿恵氏は金正日総書記や金大中氏に会いに行き、和解を進めた。しかしそれは自身の両親や生き方を否定することになります。自分の父親や母親を裏切ることになるからです。朴槿恵氏は、そのようなことをしてしまったということです。

反日の裏には北朝鮮

櫻井　自分の親に対する暗殺命令を出した金正日総書記と握手をして「二世同士、うまくやりましょう」と言ってみたり、父親の政敵として激しく戦った親北の金大中氏に接近してみたりするなど、朴槿恵氏も親北朝鮮的な気持ちを持っている。

親北朝鮮と反日は一体なのですね。

呉　反日と親北朝鮮は深く結びついています。現在の韓国の反日を単なる反日ととらえると、理解することはできません。

一番のポイントは、いまの韓国の背後には北朝鮮がいるということです。特に反日の裏で北朝鮮がうごめいていることを見逃してはなりません。

櫻井　それは大事なポイントですね。韓国の反日の裏に北朝鮮の影響があることを、私たちはしっかり認識しておかなければなりません。

呉　そうです。朴槿恵政権は、日本を何とか孤立させようと躍起になっています。簡単に言えば、中国とアメリカを仲よくさせ、北朝鮮とも和解を図ろうとしているのです。

これは複雑な話なので、順を追って説明します。

もともと、韓国には反日という対立の火種がありました。「建国の父」と呼ばれた李承晩政権（一九四八年～一九六〇年）からそうなのです。しかし李承晩氏は、政治や外交の場には、そうした感情的、情緒的な要素は、あまり持ち込みませんでした。実際、親日派の人たちを多数、国家運営に必要な要職に就かせていました。どんなに教育の場で、反日を根づかせるべく激しい反日教育を続けていても、です。そうした国民情緒をいったん棚上げして表に出さない。それで日本と向き合ってきたのです。

特にそれは李承晩政権を事実上継いだ朴槿恵氏の父、朴正熙政権に顕著でした。李承晩同様に親日派の人たちを登用していましたし、反日教育はするが、日本の協力を受けながら韓国の経済発展を遂げる。そういう選択をしてきたのです。プロに徹した姿勢といってもよいと思います。

櫻井　だからこそ、「漢江の奇跡」と呼ばれた高度経済成長も成し遂げ得た。

呉　そうです。韓国は急速に発展しました。細かく言えば様々なことがありましたが、その姿勢は次の全斗煥政権（一九八〇年～一九八八年）、盧泰愚政権（一九八八年～一九九三年）までの軍人出身の大統領に基本的に受け継がれました。

つまり、事をあまり荒らげたりはしないという姿勢です。これらの期間、韓国は日本と良好な関係を築くことを望んでいました。

櫻井　この時期は、日本の良識が比較的通じた時代だったと思います。

「民主化」が「親北」に結びつく理由

呉　この姿勢が変わったのは、金泳三政権（一九九三年～一九九八年）からでした。「民主化大統領」と呼ばれた金泳三政権の時代から、日本とのこじれた関係が始まりました。それはいまやこじれにこじれています。

慰安婦問題が俎上に上るようになったのも、金泳三政権からです。金泳三政権、金大中政権（一九九八年〜二〇〇三年）、盧武鉉政権（二〇〇三年〜二〇〇八年）と民主化大統領が続く中で、現在の最悪とも言える日韓関係への流れが作られていったのです。

ここでキーワードとして重要なのが「民主化」という言葉です。金泳三政権時代に「民主化」という言葉は「反軍事」を意味していました。「民主」という言葉は民主主義の民主ですが、当時の韓国では盧泰愚氏まで三代続いた軍事政権の反語として用いられたのです。

櫻井　なるほど。

呉　軍事政権は在韓米軍とも密接に結びついていました。「反軍事」を意味する「民主化」という言葉は「反在韓米軍」という意味も帯びることになります。それは「反米」という文脈に転化していき、やがて「反米」は「民族主義」とも結びついていくのです。

いまでもそうですが、当時の韓国は深刻な社会問題をたくさん抱えていました。それを韓国国内では、アメリカと結びついて西洋化が図られたために、だんだん個人主義がもたらされた結果である、と読み解かれたのです。

西洋化によっていままで民族が大切にしてきた伝統的な儒教的価値観は崩れ、家族関係も核家族化が進んで崩れ、それが今日の荒廃を生んだ、というわけです。そうして「民主化」という言葉は「反米」を経由して「民族主義」とも結びついた。

そしてそれが、「親北」へとつながっていきました。北朝鮮はとても貧しい。独裁国家でもある。とてもあんな国にはなりたくない。しかし、少なくとも我々と同じ民族である。我々のようにアメリカに頼って生きているのではない。貧しくても主体的な思想を持って民族として誇り高い生き方を続けている――というわけです。

ここで重要なことは、民主化後、それ以前の韓国の保守派政権は、反日を徹底させることなく、親日派を温存してきた、しかし北朝鮮は親日派を一掃して徹底した反日を貫いてきた、と主張されるようになったことです。ここで「民主」と「親北」がほぼイコールで結びつくことになります。こうして「民主化」という言葉は様々な意味が付加され、変容を重ねながら、「親北」という意味も帯びるようになっていくわけです。

櫻井　「民主化」が、「反軍事」「反米」「民族主義」「親北」に結びついたという流れですね。

親北化を推し進めた法律

呉　言葉だけでなく、実際に「民主化」が「親北」政策を生みました。

金大中政権の時代には「太陽政策」が掲げられ、金正日総書記との南北首脳会談が実現し、金大中氏はノーベル平和賞を手にしました。

これは同じ左派の盧武鉉政権にも引き継がれました。軍事力よりも人道援助、経済援助、文化交流、観光事業を深めることで将来の南北朝鮮統一を図ろうとする外交政策ですが、紛れもなく親北の政策でした。

こうして「民主＝親北」という構図ができたのですが、ここで重要な役割を果たしたのが、「過去清算」と呼ばれる一連の事業です。

櫻井　ひと言で言えば反日事業ですね。その事業のために、二〇〇五年五月、「真実・和解のための過去事整理基本法」という法律が制定されました。

呉　そうです。「過去清算」とは何か。それは、一九九三年、金泳三氏の文民政権が成立して以降、「韓国社会の民主主義を発展させるため」に最も重要な取り組みとして推進されてきたものです。「韓国社会の民主的発展を阻む障害物である過去の遺産」の克服が求められました。

つまり、「韓国の独裁政権の不法行為」を裁くということです。李承晩、朴正煕、全斗煥の各政権時代に発生した、国家による暴力、虐殺、名誉毀損などの人権侵害事件の「清算」だというわけです。それは、事件の真相究明や責任者の処罰、被害者の救済から民主化のための法整備まで、事業として推進されました。

当初は一九八〇年の光州事件など個別の事件ごとに、それぞれ法が制定されていきましたが、盧武鉉政権になって、それらの事件を包括的に処理することを目的に「真実・和解のための過去事整理基本法」ができたのです。この法律では、あらゆる「国家機関による民間人殺害と人権弾圧」の真相究明と被害者の名誉回復が目指されました。二〇一〇年六月に調査活動を終えるまでの間に、一万一一六〇件が取り扱われ、九九八七の事件が処理されています。

櫻井　金泳三政権時代には、全斗煥氏が光州事件で反乱首謀罪、盧泰愚氏が内乱罪などで司法処罰を受けています。

戦後韓国史を否定、北朝鮮史を肯定

呉　民主化以降の韓国では、「過去清算」事業を時の政権に委ねることで、いびつな構造が生じることになりました。実際に「過去清算」の対象となったのは、過去の政権の「反共政策」「反北朝鮮政策」が大部分だったからです。

櫻井　「反北朝鮮政策」ばかりが対象になった理由は?

呉　「過去清算」事業は親北政策を積極的に推し進める金大中、盧武鉉の両政権で強力に行われたからです。「過去清算」の事業に、親北朝鮮勢力の政治意図が強く反映されることは、ある意味、当然だったと言えます。

このことは、金大中政権の二〇〇〇年一月に制定された、「疑問死の真相糾明に関する特別法」の運用に顕著に見ることができます。

「疑問死」とは、民主化運動に関連しながら違法な公権力の行使で死亡した場合を指します。この法律に基づいて設けられたのが、次の盧武鉉政権下での大統領直属の委員会「疑問死真相糾明委員会」です。

北朝鮮から南へ送り込まれたスパイと反政府共産ゲリラのうち、非転向長期囚三人を、調査委員会は「疑問死に相当する」とみなし、「彼らは韓国の民主化に貢献した」として、愛国者としての顕彰などを通じて名誉を回復しました。

しかし、彼らは無実の投獄者ではありません。韓国国内で実際に北朝鮮に命じられてスパイ活動やゲリラ活動を行った者たちです。

櫻井　彼らは明らかに、韓国の国内法に違反する罪を犯したけれど、親北朝鮮の立場から、すべて救済し、おまけに名誉まで与えた。事実上、韓国が北朝鮮に従った。従北政策に突入した。

呉　そうです。しかも、彼らは非転向者でした。そうであるのに、彼らは無実だとして罪を帳消しにし、国家の名において「彼らは韓国の民主化に貢献した」と誉め称えたのです。このように、「過去清算」は太陽政策同様、北の核開発も人権侵害も一切、問うことのない政権のもとで推進されました。

この「過去清算」事業は、教科書をはじめとして韓国史を北朝鮮式に書き換えることにつながりました。こうして金大中、盧武鉉の両政権時代を通して、従来の戦後韓国史を否定し、北朝鮮史を肯定的に評価する歴史教科書が登場するようになっていきます。

櫻井　親北の見地から過去を見て裁き、歴史教育までもが「親北」化してしまった。これは当然「反日」につながった。そこのところのつながりを解説してください。

親北が反日につながった

呉　それは、盧武鉉政権になってからは「過去清算」の矛先として新たにに「日帝植民地時代の親日行為」が追加されたからです。北朝鮮同様に、国内の親日派を一掃する狙いがあったのです。

従来から北朝鮮では、親日派、つまり「何らかの形で日本統治政策に協力した者たち」は、悪逆な犯罪者、売国奴としてことごとく粛清の対象となってきましたが、韓国は少し違いました。もともと同様に反日国家ではありますが、韓国では、「日本統治時代の親日行為は当時の事情では仕方なかったこと」だとして不問に付すのを社会一般の習いとしてきたのです。

ところが盧武鉉政権は、それでは「過去清算」をしたことにはならないとして、北朝鮮と同じように親日派を一掃し始めました。

櫻井　もともと韓国にあった反日が鮮明に顕在化していく結果となった。

呉　そうです。韓国でも当初から、「親日＝不正義＝売国奴」とみなすのを当然としていましたから、国民の間にも知識人の間にも、こうした動きに抗議の声が上がることはなく、それどころか「断罪すべき者をこれまで断罪してこなかった我が国（政権を担った韓国保守派）が悪い」という声が正論となりました。

こうして二〇〇四年三月、「日帝強占下親日反民族行為真相糾明に関する特別法」が制定されたというわけです。この法律は翌二〇〇五年一月に改正され、法律名から「親日」が除かれましたが、この改正によって「反民族行為」の対象は大幅に拡げられました。

改正法では、与野党一致で、調査対象が日本軍の中佐以上から少尉以上に拡大され、満州国軍中尉だった朴正熙氏もその対象に含まれることになったのです。法制定当時、朴槿恵氏は野党ハンナラ党の代表で、次期大統領候補の最有力と目されていました。つまり、この改正には、朴槿恵氏を「親日派の娘」として断罪しようとの意図が明らかにあったのです。

櫻井　朴正熙氏は一九四二年に満州の新京軍官学校を首席で卒業し、「高木正雄少尉」として日本の陸軍士官学校に派遣留学しています。一九四五年八月の終戦時は中尉に昇進していました。

呉　そうですね。ですから、いわば朴正熙・槿恵父娘を狙い撃ちしたかのような法改正だったのですが、改正法では、その地位にあっただけで「親日」と認定する規定は、ハンナラ党の強固な反対で撤回されました。地位だけでなく、実際の「親日行為」があったか否かを判断基準とすることになったのです。その対象は四万人に及びましたが、朴正熙氏に「親日行為」があったとする「証拠」は提示されず、「親日行為者」とは断定されませんでした。

いずれにせよ、盧武鉉政権はこの法律に基づいて、大統領直属の「親日反民族行為真相糾明委員会」を設置し、「植民地統治下の親日嫌疑者の選定や調査、報告書作成、史料編纂の遂行など」を推し進めます。「親日反民族行為」としては、「日本軍の幹部として協力した行為」「創氏改名を主唱したか勧めた行為」「日帝統治を称え内鮮融合・皇民化運動を率先した行為」「日帝軍事品を生産し資源を提供した行為」「道・府の諮問・決議機関の議員となった行為」など二五の行為が規定され、「親日反民族行為者」と認定された者のリストが公表されました（故人を含む）。

櫻井　凄まじい報復ですね。

呉　はい。このリストの公表をもって彼らを国家の名のもとに「売国奴」と断罪し、多くの社会団体がこれを受けて彼らの身分や地位を剥奪して事実上、社会から追放していきました。

櫻井　盧武鉉政権では、悪名高いもう一つの法律ができましたね。

呉　二〇〇五年一二月に制定された「親日反民族行為者財産の国家帰属に関する特別法」ですね。これは、先の特別法で「反民族行為者」と認定された者や、その子孫が受け継いだ財産を強制的に国家が没収できるという法律です。

この法律により二〇〇六年七月、「親日反民族行為者財産調査委員会」が発足し、二〇一〇年七月まで調査が行われました。その結果、調査委員会は一六八人を親日派と認定、その子孫が相続した土地など二三七三億ウォン（当時のレートで約一八〇億円）を没収して国有化しました。

「事後立法」が憲法に反しない

櫻井　お話を聞いていてどうしても理解できないことの一つは、それらが「事後立法」であることです。「日帝植民地支配」に関する二つの「過去事法」は、基本的に、物事が起きたあとに定められた事後立法です。

呉　そうですね。

櫻井　近代法には、法を過去に遡っては適用しないという大原則があります。したがって、近代法のもとでは、韓国のこの事例のような処罰は固く禁じられているのでしょうに。

呉　はい。実際、韓国の憲法でも次のように明確に定められています。

【韓国憲法第一三条】

（一）すべての国民は、行為時の法律にもとづき犯罪を構成することのない行為により、訴追されない。同一の犯罪については、重ねて処罰されない。

（二）すべての国民は、遡及立法により、参政権を制限されるか、または財産権を剥奪されない。

（三）すべての国民は、自己の行為でない親族の行為により、不利益な処遇を受けない。

（『新解説世界憲法集』初宿正典・辻村みよ子編、三省堂）

櫻井　一読して、「日帝強占下反民族行為真相糾明に関する特別法」と「親日反民族行為者財産の国家帰属に関する特別法」が、この憲法第一三条の規定に反することは、誰の目にも明らかですね。

呉　こうした憲法の規定をも超える、超法規の事後立法による「過去清算」は、現在の政治的正義をもって過去の政治を不正義と断罪することを意味しています。以前にも述べましたが韓国には「国民情緒法」とでもいうべき不文律のようなものがあります。法律より国民感情が優先するという韓国独特の風潮ですが、だからこそ、こうしたどう考えてもおかしなことがまかり通るのだと言えます。

実際、韓国の憲法裁判所は二〇一一年三月、「親日財産国家帰属法条項」を合憲とする決定を出しています。つまり、親日派が「日帝強占期」前後に取得した財産を国家が没収することは、憲法に反しないという判断です。

二〇一一年四月一日の「中央日報」（日本語版）によると、これは「親日反民族行為者」とされた六人の子孫四六人が、「親日反民族行為者財産の国家帰属に関する特別法」に対して起こした「憲法訴願審判請求」訴訟で下された判断です。判決理由は

「特別法は民族の正気を立て直し日本帝国主義に抵抗した三・一運動の憲法理念を具現するためのもの」ということでした。

「過去清算」の根底にあるもの

櫻井　このような「過去清算」、近代国家としてあり得ないことがまかり通ってしまうのを、どう説明できますか。

呉　歴史を遡ると、朝鮮半島の王朝は終始、前の王朝を悪なる王朝と断罪し、王朝の交代は善なる王朝による革命であると正当化されてきました。中国古代に成立した政治思想である、天命による「易姓革命」と同じです。

韓国では「過去清算」の名のもとに、現代でも同じことが堂々とくり返されています。

韓国ではありませんが、北朝鮮では現在でも、李氏朝鮮時代と同じように、罪は親子三代にまで及びます。この罰則観を支えているのは、先祖と子孫を一体のものとする儒教の「孝」に基づいた道徳思想です。

この点については、表面的な法体系はともかく、根底にある意識のありようとして韓国でも何ら変わりありません。

櫻井　「過去清算」の根底にある朝鮮半島の伝統とは？

呉　古代八世紀の新羅の僧侶太賢は、「世間の孝は怨をもって怨に報ゆ。（中略）勝義の孝は慈をもって怨に報ゆ」（『梵網経《ぼんもうきょう》古《こ》迹《しゃく》記《き》』）と言っています。ここで「世間の孝」とは「儒教という世俗の道徳の孝」を意味し、「勝義の孝」とは「世俗の道徳に勝る仏教の孝」を意味しています。

要するに、「儒教では先祖の怨みに子孫は怨みをもって報いるのが孝だとするが、仏教では先祖の怨みに子孫は慈悲をもって報いるのが孝である」と言っているのです。

中国の道家思想の祖、老子も、仏教と同じように「怨みに報ゆるに徳をもってす」（『老子』六三章）と言っています。儒教の始祖、孔子はこれに異議を唱えて、「徳をもって報いるのは恩徳を受けた相手に対してのことであって、怨恨を受けた相手に対しては公的な善悪の判断（直）をもって対処すべきである」と言ったのです（『論語』「憲問」）。

このように、韓国人の「過去清算」の精神的土壌は、「先祖の怨みに子孫は怨みをもって報いる」ことを「孝」とする儒教道徳にあります。そして孔子が言ったように、怨恨を受けた相手に対しては「公的な善悪の判断」、つまり国法による判断をもって対処しなくてはならないのです。

北のスパイと美女軍団

櫻井　これまでのお話を整理すると、まず「民主＝親北」というもともとの構図があった。それが「過去清算」を通して実際に歴史が書き換えられるまでになった。さらに、盧武鉉政権時代には清算すべき過去に「反日」が加わった。もともと反日はあったけれども、先鋭化した。そうして「民主＝親北＝反日」という大衆的な政治状況が生み出されていったという図式でよいですか。

呉　そうです。そしてもう一つ、盧武鉉政権時代に「民主＝親北＝反日」が確立されていったのは、金大中と盧武鉉の両政権時代、北のスパイが韓国国内に大量に入ってきたことが関係しています。

　金大中氏は一九九八年から五年間、盧武鉉氏は二〇〇三年から五年間、それぞれ政権を担いましたが、この計一〇年間に、韓国は親北朝鮮に染まってしまい、北朝鮮からは多くのスパイが入ってきました。そうした層は「従北」と呼ばれますが、その数は国内に一二万とも一五万とも言われています。

直接的なスパイもいれば、間接的なスパイなども含めて「従北」「親北」勢力が拡がり、メディア、大学、専門家や裁判官などあらゆる分野に浸透を図っていったのです。それがいまの韓国です。

櫻井　激しい情報戦略が行われたのですね。

呉　そうです。ただ、情報だけではなく、情緒的な要素も大きかった。韓国人はとても情緒に弱いのです。先ほど述べたように、二〇〇〇年の南北首脳会談で、金正日総書記は韓国人の心、若者の心を掴みました。

二〇〇二年九月〜一〇月には釜山でアジア競技大会が開かれ、南北が合同で参加することになって、北朝鮮は選手団と応援団を送り込みました。

櫻井　これは、大きな影響を及ぼしましたね。

呉　とても大きかったです。当時、私は日本の会社から講演の仕事の依頼を受ける形で韓国に行くことになり、開会式のときに会場に行きました。観客席はアジアの国々から来た人たちで満員でしたが、北朝鮮の応援団がとても目立っていたことを覚えています。

櫻井　「美女軍団」。

呉　そうです。美女軍団が目立っていました。彼女たちはチマチョゴリを着ていたため、色彩がはっきりしていました。メディアは北朝鮮の応援団ばかり取り上げて、北朝鮮にはなんと美女が多いのかという報道が続きました。

するど韓国では、韓国の女性たちは戦後アメリカナイズされてしまった、ところが北朝鮮の場合は昔ながらの朝鮮的な美女がいるということになり、メディアは美女軍団にインタビューをして、好きな食べ物や好きな歌などの紹介を始めたのです。

彼女たちからは、たとえば好きな食べ物はキムチだというように、韓国人と同じ食べ物が挙がり、好きな歌も韓国人も知っているアリランの曲名が挙がりました。踊りについても、朝鮮の伝統的な舞踊を挙げたのです。

これらが韓国の新聞や雑誌で大きく取り上げられると、韓国人は驚きました。それ以前は、北朝鮮はまるで共産主義で悪魔のような国であり、我々韓国とは違うと思っていたのに、彼女たちの話を聞いてみると、我々と同じではないかと気がついたのです。

櫻井　しかも楚楚《そそ》とした美しい人がたくさんいる……。

呉　当時は核開発の問題がすでに表面化していましたが、彼女たちの姿を見ると、核開発のイメージは湧いてきません。

二〇〇二年九月～一〇月といえば、日本では小泉純一郎総理の訪朝により拉致被害者五人が帰ってくるときで、日本のメディアは連日、拉致問題の報道を続けていました。しかし韓国では、拉致問題のニュースは探せば見つかるものの、地味な扱いでした。目立っていたのは北朝鮮の美女軍団ばかりだったのです。

櫻井　韓国人は、本当に情緒的なのですね。

呉　多くの韓国人は、あっという間に北朝鮮に親しみを感じるようになりました。その頃から、作られる映画のストーリーにも、「北朝鮮の女性と韓国の男性が恋に落ち、結局は三八度線があるために帰らざるを得ない」という筋のものが多く登場するようになりました。北朝鮮の人々は私たちと同じ民族だということで、すぐに打ち解けてしまったのが、一つの大きな要因なのです。

都合の悪いことは削除する青瓦台

櫻井　こんなことがありました。二〇一五年一〇月一六日、朴槿恵氏が訪米し、当時のオバマ大統領と首脳会談を行い、その後、二人は共同記者会見に臨みました。

私は興味深く見ていたのですが、まず朴槿恵氏は「オバマ大統領は韓国が日中韓の首脳会談をセットしたことを非常に高く評価している」と語りました。そして、韓国が中国に接近していることを、韓中関係と韓米関係が両立するという意味で評価してくれた、という趣旨のことを話したのです。

しかし、ダニエル・ラッセル国務次官補（当時、東アジア・太平洋担当）は首脳会談の二日前に会見し、アメリカの南シナ海での活動の目的はルールに基づいた国際社会を支援することだと強調。「人民解放軍が戦った唯一の戦争は韓国に対してだったことを誰も忘れていない」と述べました。

つまり、朝鮮戦争で中国は北朝鮮の援軍となり一〇〇万の兵士を入れました。対するアメリカは、韓国を助けて戦い、約三万七〇〇〇人のアメリカ兵が犠牲になっています。ラッセル国務次官補は、そのことを我々は忘れていないと言ったのです。

記者会見でオバマ氏は「我々が継続して中国に主張すべきたった一つのことは、中国が国際規範と国際法を守るように希望するということです。中国がそうしないとき、韓国もアメリカと同じように公に発言するように望みます」と語りました。

つまり朴槿恵氏は、韓国と中国の関係、韓国とアメリカの関係は両立すると、オバマ氏が認めてくれたと言ったのですが、オバマ氏は、そうではないと否定したのです。「中国が国際法を守らないときは、アメリカは抗議している。だからあなたも抗議してください」ということを、オバマ大統領は丁寧な言葉で語りました。

これには後日談があります。韓国の外交部や青瓦台（大統領府）のホームページからこのくだりが削られているのです。朴槿恵氏は、オバマ氏の発言はなかったことにして、中国ともアメリカともうまくつき合っていて、両国から認められているという世界観を、自分で想像して作ってしまい、情報操作をしているのではないかと感じました。

呉　本当にその通りで、アメリカとも中国ともうまくつき合っていると見せるのが、朴槿恵氏の一番のポイントです。韓国での報道を見ていると、朴槿恵氏が訪米し、外交的に成功したことだけが目立っている。しかし、実は韓国は、自国の国産戦闘機「ＫＦＸ」開発に必要な先端技術をアメリカから得ることができませんでした。

櫻井 アメリカ政府は安全保障上の技術保護を理由に、電波を利用して上空や地上の標的を探知・追跡できる「アクティブ電子走査アレイ（AESA）レーダー」や「赤外線探索・追跡装置（IRST）」といった先端技術の移転を認めなかった。

呉 その背景には、アメリカが「韓国には北朝鮮からのスパイが数十万人いる」と信じているという事情があるそうです。

櫻井 それは恐らく事実でしょう。

呉 かなりいると思います。だから、もし韓国に先端技術を移転してしまうと、中国と北朝鮮に技術を盗まれる結果になるのです。首脳会談後の共同記者会見で、オバマ氏は中国に対して非常に厳しいメッセージを発しましたが、その意味はここにあります。

しかし、朴槿恵氏は、あたかも韓国が外交で成功したかのような気持ちになっているようです。メディアも同様で、オバマ氏から批判されたことは書きませんでした。

櫻井 オバマ氏が共同記者会見であれほどはっきりと言ったことを、韓国は事実上無視して、外交部や青瓦台のホームページからも削除した。朴槿恵氏、そして韓国の外交部の判断を見ると、韓国とはあまり建設的な話はできそうにないと悲観してしまいます。それは日韓両国のためにもよくないことです。韓国の人は、世界に目を向けてほしいと思います。

（二〇一五年一〇月三〇日放送）

第6章　作り話が新たな物語を生む国

「日韓合意」を反故にせよという勢力

櫻井　二〇一六年九月九日、北朝鮮は五回目の核実験を行いました。北朝鮮の建国記念日に合わせたとみられますが、これまでで最大規模の威力でした。

北朝鮮が核の小型化に成功すれば、核ミサイルを実戦配備する可能性が高くなります。日本全土が北朝鮮の核ミサイルの標的の範囲に入ってしまいます。

この危機的事態に対して、日本の防衛は心許なく、アメリカの核の傘で、いかなる国の核攻撃からも守ってもらおうというものです。実はそのアメリカは一九八七年、当時のソ連、いまのロシアと中距離核戦力（ＩＮＦ）全廃条約を結び、一九九一年には中距離ミサイルを全廃してしまいました。

したがって、もし北朝鮮や中国が日本に向かって中距離核ミサイルを発射して攻撃を仕掛けた場合、アメリカは対抗する中距離ミサイルを持っていないのです。アメリカが、自分の国が核攻撃を受ける、火の海になることを覚悟してまで、長距離核ミサイルで反撃をするのか。その保証はありません。

そのような状況下で、韓国では、一部ではありますが、アメリカの核に頼っていては駄目かもしれない、自分たち独自の核を持とうという議論が起きています。日本では核の議論はもとより、日本に危機が迫っているという認識さえないのではないか。そのことを私は本当に心配しています。

日本と韓国の間には慰安婦問題という、のどに刺さったとげのような問題がありま す。二〇一五年一二月、安倍晋三総理と朴槿恵大統領（当時）は〈この問題が最終的かつ不可逆的に解決されることを確認する〉と合意しました。

また、〈韓国政府が、元慰安婦の方々の支援を目的とした財団を設立し、これに日本政府の予算で資金を一括で拠出〉などとうたわれました。

その代わりと言っては何ですが、韓国側は〈日本政府が在韓国日本大使館前の少女像に対し、公館の安寧・威厳の維持の観点から懸念していることを認知し、韓国政府としても、可能な対応方向について関連団体との協議を行う等を通じて、適切に解決されるよう努力する〉と述べました。

慰安婦像については、韓国政府が努力するという形で、日韓は最終的かつ不可逆的な合意を果たしたのですが、この合意に基づいて日韓が本当によい関係を築くことができるのか。韓国国内で、大きな反対勢力が出てきています。

呉　まったく、うまくいくとは思えません。実際、日韓合意のために、韓国では正反

ソウルの日本大使館前で慰安婦像を囲み、日韓合意に抗議する元慰安婦や支持団体のメンバー（２０１５年１２月３０日）

対の行動が活発化しています。

櫻井　韓国国内ではいま、さらに慰安婦像を建てて、「日本にもっと激しく抗議せよ」「日韓合意など反故にせよ」と主張する声が強まっています。

韓国内外で乱立する慰安婦像

呉　慰安婦像は次々と作られています。二〇一六年中には、五〇体以上が作られるといいます。

櫻井　韓国国内にですか。

呉　国内と国外です。彼らはそう宣言して、慰安婦像の設置運動を活発に行っています。

櫻井　アメリカにも慰安婦像を作り、

オーストラリアにも設置しようとして、在豪日本人と激しくせめぎ合っています。結局、ストラスフィールドでは退けましたがシドニー郊外で設置、ドイツでも設置の話が持ち上がるなど、動きは活発化しています（編集註／二〇一七年三月、ドイツ南部ウィーゼントの公園に欧州初の慰安婦像が設置された）。その背後には、かなり政治的なものがあるのでしょう。

呉　もちろんです。慰安婦像の設置は政治的な活動です。しかし、それだけではなく、韓国人の感情、情緒も加わっています。そこには、前にも言いましたように、「無垢なる我が民族の少女たちが……」という皮膚感覚からくる憎悪があります。日韓合意の後、韓国ではまず女性団体が立ち上がりました。女子大生、それから女子高生たちが立ち上がり、その他にも様々な団体が新しくできて、日韓合意を「反政府」「反朴槿恵」を掲げる材料に使っています。

櫻井　韓国の政党の議席数ですが、与党である朴槿恵氏のセヌリ党（現自由韓国党）は、一院制の国会で全三〇〇議席のうち一二二議席しかありません。二〇一六年四月の総選挙で大敗したからです（編集註／二〇一六年一二月、朴槿恵氏と距離を置く議員が集団離党し、一〇〇議席を割り込む）。

釜山の日本総領事館前の路上に設置された慰安婦像

呉　負けたのは日韓合意も大きな理由でしょう。世論調査によると、国民の多くが日韓合意を無効にすべきだと考えており、その動きも活発です。野党はいま、合意に対して猛烈に反発しています。

櫻井　野党「共に民主党」には、「反朴槿恵」の先頭に立つ文在寅氏がいます。彼は北朝鮮派、極めて左翼的な人です。

呉　盧武鉉氏の側近だった人で、バリバリの親北朝鮮です。

櫻井　親北朝鮮の「共に民主党」が、与党「セヌリ党」よりも多くの議席数を獲得してしまった。あとは第二野党「国民の党」や「正義党」などがあります。国民の党の安哲秀氏は、極左とまでは言いませんが、やはり「反朴槿恵」であり、北朝鮮に対してシンパシーを持っている。

呉　そう考えてよいと思います。いずれにしても野党なので、次の選挙では必ず日韓合意を利用します。すでに彼らは、日韓合意は無効だと宣言しています。正義党は二〇一六年八月、日本政府が慰安婦支援を目的に韓国の財団に拠出する一〇億円の受け取りを拒否し、ソウルの日本大使館前の慰安婦像を撤去しないよう韓国政府に求める決議案を国会に提出しました。正義党のほか、最大野党「共に民主党」と第二野党「国民の党」の所属議員を含む計一二六人の連名です。

決議案は日韓合意について「外相会談の結果を口頭で発表したもので、国会の同意も政府代表の署名もない。重大な瑕疵《かし》があり無効だ」と批判しています。

口約束の日韓合意は誰も信用していない

櫻井　朴槿恵政権のもとで、慰安婦問題について日本と韓国が合意した。それを国際社会に向けて、日本政府が一〇億円を拠出することなどを条件に、〈最終的かつ不可逆的に解決される〉と発表したのですから、本来ならもう後戻りはできないはずです。

岸田文雄外務大臣と尹炳世《ユンビョンセ》外交部長官（外務大臣に相当）は、テレビカメラの前で全世界に向けて記者会見を行いました。これは国と国との約束事です。それでも韓国の人は、政権が代わったら合意は引っ繰り返してもよいと考えるのでしょうか。

呉　韓国では、日韓合意は口約束なので誰も信用していません。

これまで韓国は、文書化された条約までひっくり返してきましたね。口約束ならなおさらのことです。

日韓合意で岸田大臣は「元慰安婦の方々の心の傷を癒やす措置を講じる」「元慰安婦の方々の支援を目的とした財団を設立し、これに日本政府の予算で資金を一括で拠出」すると述べました。つまり、賠償ではなく慰労金であるということです。韓国側からすると、まだまだ攻められる部分が残っているのです。

櫻井　今回は賠償ではなく慰労金であり、本来はもっと取れると。

呉　その通りです。日韓合意で日本政府が拠出するのは一〇億円ですが、いくら拠出しても、同じことを繰り返すことになるだけです。韓国社会には日韓合意に反対する声が多く、恐らく、今後はこの合意を無効に持っていくような雰囲気になっていくのではないかと予想しています。そうならざるを得ないのです。

櫻井　日本政府、そして私たち日本人は、韓国の言うことを信用してはならないという結論になりますか？　尹炳世長官が公式の記者会見で、韓国の内外に向けて、つまり国際社会に向けて言明したことも、韓国では、もう忘れてしまってもよいということですか。

呉　日韓合意は口約束で、しかも内容は極めて曖昧です。慰安婦像についても〈関連団体との協議を行う等を通じて、適切に解決されるよう努力する〉という言い方をしています。努力をしても、国民や野党から猛烈な反発を受けることになります。世論調査では、反発の声が多いことが明らかになっています。

そのため、像の撤去に向けて努力はしたが難しい、と韓国側は言い訳をすることができます。日本人は考えが甘いのです。これまでも、韓国にはいいようにやられてきました。それでもなお、韓国を見る目が甘すぎます。

櫻井　先ほど女子大生や女子高校生が立ち上がったというお話がありましたが、その背後に北朝鮮による情報工作があると考えるべきです。

呉　民間では様々な団体ができ、日韓合意の無効運動を活発に行っています。二〇一六年八月には、ソウルに慰安婦を追悼する施設として「記憶の場」という公園が完成しました。

新しい運動団体ができるという話が持ち上がると、大学生や労働者など、様々な人が支援金を出すので、あっという間に一〇億ウォン程度のお金が集まります。

櫻井　日本円で約一億円ですね。

呉　そのような多額のお金がすぐに集まり、次々と新しい団体ができています。

櫻井　日本から一〇億円をもらわなくても、自分たちでやっていけるという意思表示ですね。

呉　日韓合意の直後、募金をして一〇億円を集めるという活動もあり、そのときも多額のお金が集まりました。韓国にはクリスチャンが多いので、教会などで募金を呼びかけると、あっという間にお金が集まるのです。

櫻井　民間の人たちは、どのように慰安婦問題をとらえているのか。日本では、強制連行はなかったことを、国民のほとんどが知っています。慰安婦の中には日本人女性もいました。もちろん、朝鮮半島出身の女性もいましたが、日本でも韓国でも、当時を生きた方々は、慰安婦は強制連行ではなかったことを、自分の記憶として知っています。

呉　そのような事実としての記憶を消し去って、慰安婦問題を煽り立てるような韓国映画が二〇一六年に公開されました。『鬼郷《ききょう》』です。

「証拠がない」というなら映画を作る

櫻井　『鬼郷』は韓国で封切られて、大ヒットしたと聞いています。

呉　この映画では、少女たちが戦地に連れて行かれ犠牲になります。彼女たちは故郷には戻れず、だから鬼、あるいは霊になって、さまよっているのです。『鬼郷』というタイトルは、「それでもいいから戻ってきてほしい」という意味を込めてつけたそうです。この映画は一四年もの年月をかけて製作されました。

櫻井　全体としてどういうストーリーですか。

呉　まず、田舎の家に日本の軍人が銃を持って入っていきます。

櫻井　少女を慰安婦として連れていこうとしている場面ですね。

呉　親は畑仕事をしていて不在で、一人だった一四歳の少女を連れていきます。少女はものすごく抵抗するのですが、無理やりに連れていくのです。その後、少女は戦地に行って、毎日たくさんの男とつき合わされることになります。戦地には、この少女と同じように、無理やり連れてこられた若い女性がたくさんいます。

櫻井　一四歳の少女が日本の軍人に強制連行され、行った先には、たくさんの女性が捕まっていた、性奴隷にされたというストーリー展開は、中国が日本非難のために主張するストーリーとよく似ています。

呉　脱出を試みた少女たちを捕まえて、銃殺する場面もありました。また、病気になる少女たちも出てきて、そのような少女たちを穴の中に投げ捨てて、燃やしてしまう場面もあります。

櫻井　少女たちの遺体を燃やしてしまうのですか。

呉　遺体ではなく、まだ生きている少女たちに火をつけて燃やすのです。

櫻井　映画では、そのような場面が描かれているのですね。

呉　映画を見た人のコメントをインターネットで読みましたが、「いままで知らなかった」という声が多くありました。「これだけ苦しめられたとは知らなかった」というのです。また「涙なしでは見られなかった」というコメントもありました。

櫻井　しかし、日本軍が銃を持って韓国の田舎まで行って、家で留守番していた一四歳の少女を無理やり連行して、他の少女たちと一緒にセックスをさせ、病気になったら穴に埋めて、生きたまま火をつけて燃やすなんてことは、絶対にあり得ないことです。

呉　あり得ないことなのですが、そのような映画が作られました。

櫻井　韓国にも「慰安婦は強制連行して集めたわけではなく、募集したら多くの女性が応募してくるような状況だった」「当時は認められていた売春をしていた」「いまになってみると気の毒だと思うが、当時はそういう時代だった」とわかっている高齢者もいます。

東京基督教大学の西岡力教授は慰安婦問題に取り組んでいますが、韓国で当時を知る方々から「強制連行なんてあり得ない」「募集していたのだ」「親に売られた女性もいた」という話を実際に聞いています。

これは日本の高齢者も知っている話です。先輩世代に尋ねればすぐにわかることですが、そうした中、『鬼郷』、鬼になって故郷に帰るというような映画が、なぜ製作されてしまうのか。そして、この映画を見た人は、なぜこれが真実だと思い込んでしまうのか。

呉　日本人は「証拠がない」と言うから、証拠を作るためにこの映画を作ったということですが、それを信じる韓国人がとても多い。実際に年配の方や、慰安婦問題を研究する学者もいるのですが、その一人が以前韓国のテレビで、「いったい韓国のどの学者が強制連行があったと言っているのか、いないではないか」「慰安婦は売春婦だ」といったことを発言し、大変なことになりました。元慰安婦たちがいるところに連れていかれて、水をかけられるなど大変な目に遭ったのです。

櫻井　歴史をきちんと精査して、慰安婦は強制連行でも性奴隷でもなかったという真実を主張したために、糾弾され、土下座させられ、ノイローゼになるほどの電話攻勢を受けたりと、一連の被害については私も直接聞いたことがあります。

呉　年配の方たちは、強制連行などはなかったとわかっている人が多く、私も以前、インタビューさせてもらったことがあります。

櫻井　でも、このでたらめな映画を韓国ではたくさんの人が見ていますね。

呉　二〇一六年二月に公開され、公開一〇日で観客動員数二〇〇万人を超えています。

櫻井　韓国の総人口は約五〇〇〇万人なので、本当に多くの人が見ているということです。

呉　四カ月後の二〇一六年六月には三五〇万人を突破しました。

櫻井　三五〇万人は、国民の約七％ですね。

呉　学校で見に行ったり、地方のお年寄りたちが団体で見に行ったりしています。ある意味、観光商品になっているようです。

櫻井　見なくてはならないと、誰かが音頭を取っているのですか。

呉　見た人が「韓国人なら見るべきだ」と言っているのです。朴元淳《パクウオンスン》ソウル市長は、前面に立ってこの運動をしています。映画館が足りないため、会場を無料で提供し、様々なところで上映しています。

櫻井　朴元淳市長のような親北朝鮮の人が、「韓国人なら見るべきだ」と言って、バスなどを用意し、老人ホームにいる高齢者の送り迎えまでして映画を見せているのは、恐ろしいことでもあります。

呉　映画館の代わりにソウル市内の大きな会場を貸し出し、あちこちで同時に上映しています。だからこそ、三五〇万人という数字になりました。

櫻井　『鬼郷』で描かれたようなことが真実だと信じる人が増えたら、当然、日韓合意は感情論として拒否されていくでしょう。

呉　だから親北朝鮮の人にとっては、タイミングよくこの映画が上映されたことになります。この映画の影響もあり、日韓合意を無効にする運動が活発に行われているということです。

「軍艦島」は「河野談話」以上の大失態

櫻井　『鬼郷』だけでなく、韓国では他にも映画が作られています。

呉　日本統治時代に「強制徴用」されたという主張のために、「軍艦島」の映画が作られています（『軍艦島』柳昇完《リュスンワン》監督、二〇一七年夏公開予定）。軍艦島は「地獄島」だというような描き方で、逃げようとした者は殺される。「強制徴用」された朝鮮人たちが「生命を賭して脱出を試みる」という映画だそうです。

櫻井　「軍艦島」として知られる長崎市の端島《はしま》炭坑は二〇一五年七月、「明治日本の産業革命遺産」の一つとしてユネスコ（国連教育科学文化機関）の世界文化遺産に登録されました。このとき、韓国側は「強制労働」という言葉を盛り込もうと運動しました。

もちろん徴用は国民徴用令に基づいており、当時の国際法上、違法ではありませんでした。そもそも請求権問題は、一九六五年の日韓請求権協定で最終的に完全に解決済みです。

ところが、日本政府は韓国に配慮して、「朝鮮半島などから多くの人が意思に反して連れてこられ、厳しい環境で労働を強いられた」と表明してしまいました。

呉　今回の世界文化遺産登録の経緯を見ると、これは慰安婦問題で「河野談話」を出したことを上回る深刻な失態だと私は思います。

軍艦島の登録をめぐって、韓国は大いに盛り上がりました。日本が国際社会の公の場で「強制労働」「強制連行」を認めたからというわけです。もちろん、日本政府は「強制連行」を認めてはいない、「強制労働」を意味するものではないなどと釈明しました。しかし、ユネスコの英文の文書では、日本側が表明した「労働を強いられた」は「forced to work」となっています。

これが何を意味するのか。日本の皆さんはピンときていないかもしれません。しかし、英文で何と記録されたかが重要です。言い訳は通用しないと思います。

実際、世界のメディアはこの出来事をどう報じたでしょう。英国の代表紙「テレグラフ」の見出しは「日本の奴隷労働の跡地が世界遺産を獲得」でした。奴隷労働という言葉で報じているのです。また、英紙「ガーディアン」は「日本の遺産は、強制労働の事実を認めた後に世界遺産登録を獲得」と報じました。

米CNNは「かつて凶行がおこなわれた戦争犯罪の現場——日本の推薦世界産業遺産」と報じ、「ワシントン・ポスト」は「日韓政府は産業遺産、特に軍艦島での戦時強制労働の歴史を認めることで合意に至る」と強制労働という言葉を使いました。

さらに米誌『フォーブス』は「日韓が合意：日本ユネスコ遺産での朝鮮人強制労働を深く反省」と伝え、米ABCは〈日本からの推薦遺産は、日本が特に軍艦島での戦時強制労働の歴史を認めるかどうかをめぐる日韓の口げんかが解決した後、全会一致で承認された〉とするAP電を伝えています。

アジアに目を向けても、シンガポール紙「トゥデイ」は「日本のユネスコ産業遺産登録に様々な反応」という見出しで、「韓国政府が外交的に勝利を収める」「日本も、数万人の韓国人や中国人そして捕虜を戦争末期の労働力不足を補うために、数十カ所の工場や鉱山、他の産業施設で働かせたことに同意した」と報じました。

近代国家として力強く進んでいった日本の誇りの詰まった文化財を世界的に公認してもらうはずの話が、「韓国人を奴隷にし、強制労働によって成り立っていた。世界遺産はその拠点だった」という話にすり替わってしまったのです。なぜ、英語で「forced to work」などという表現を入れてしまったのか。言葉もありません。

これ以上の汚辱はないと思います。

私はこれまで日本人の「お人好し」について繰り返し美徳だと述べてきました。しかし美徳にも限度はあります。愚かです。

櫻井　日本政府関係者は帰国後の記者会見で、「砂を噛むような思いだった」とこぼしていましたが、日本人としてはこのような内容であれば登録を拒否すべきだったとさえ思います。

呉　しかし、砂を噛むような思いをこれから味わうのは、世界遺産登録を楽しみにしていた関係者であり、日本人だと思います。この問題は慰安婦問題以上の禍根をもたらすのではないでしょうか。

櫻井　日本外務省が安易に妥協した結果です。歴史問題については、日本国外務省は本当に許し難いと私は思います。

韓国の豹変と攪乱

呉　この世界文化遺産をめぐる韓国の動きには、予兆がありました。二〇一五年六月、韓国の尹外交部長官が韓国の外務大臣として約四年ぶりに訪日し、日本の岸田外務大臣と会談したというニュースが流れたときに、私は「これは絶対怪しい」と直感しました。

というのは、その直前まで、「MERS（中東呼吸器症候群）」問題で大荒れなのにもかかわらず、韓国の外交部長官はドイツまで足を運んで日本の世界遺産を認めてはならないと働きかけていたからでした。

韓国では長い時間をかけて日本の世界遺産登録を絶対認めさせてはならないと準備を積み重ねてきたのです。朴槿恵氏は世界の首脳と会うたびに、自らこの話をあえて切り出していました。まさに国家を挙げた課題といってよいでしょう。それがいきなり日本に来て、にこにこ笑って会談しましょうというのです。素朴に私は韓国が一日にして変わるはずがないと直観しました。危なく、怪しかったのです。

櫻井　態度が急変した。

呉　その通りです。しかし、一方でどうして日本人はそれを疑わないのか。これが不思議で仕方ありませんでした。すごく驚いたのは、翌日の日本のメディアは、ほとんどが「韓国がすり寄ってきている」と報じたことでした。日本の保守派の方々までがそうでした。

安倍総理がアメリカに行って演説され、高い評価を受けた。中国も最近日本に少しだけすり寄ってきている。それで、韓国は孤独感をつのらせている、韓国経済はいま、本当によくない。だから朴槿恵氏は焦っているといった解説が多かったように思います。

しかし、韓国は原理原則で動く国です。誰に何と言われようとも、これが絶対だと思ったら簡単には曲げません。そのことをしっかり認識していれば、外交部長官が笑顔で寄ってくる光景に「果たしてあれほど執拗だった韓国が一日で変わるだろうか」くらいの疑義は抱いてほしかったものです。

韓国はドイツまで行ったのち方針を変えました。世界遺産登録は認められる。それが不可避なのであれば、それをやめさせるのではなく、協力する形を取ろう。そしてその際に「強制労働」「強制」という言葉を必ず使わせる。そう狙っていたのだと思います。そうすれば、自分たちの目的は達せられるわけです。

当時の政治情勢からすれば、そこを足掛かりに安倍総理が出す戦後七〇年談話につなげたい。それが韓国の狙いだったと思います。

実際、韓国は外務大臣級の会談が終わったら、首脳会談に持っていきたいと持ちかけています。戦後七〇年談話に強制的なニュアンスを盛り込ませ、国家としての謝罪と賠償を求めていく。当時、韓国はそう思い描いていたはずです。

櫻井　問題は単に、世界文化遺産だけにとどまらない話だった。そのことに、日本はまったく気づいていなかったということですね。

呉　相手に考える時間を与えずに振り回しながら、自分の思惑を果たす。こうしたやり方は韓国人が最も得意とするやり方です。世界遺産の問題でも、韓国は会場で、さんざんかき回しました。不意を突かれた結果、世界遺産の登録決定は一日先延ばしになり、そして韓国側は目的を達成しました。

櫻井　韓国の外交部長官は「『歴史的事実はそのまま反映されなければならない』という原則を貫徹し、韓日両国が大きな対立を避けて対話により問題を解決できた」と語りましたが、日本の屈辱です。

呉　まるで自分が歴史を作ったような口ぶりで、自画自賛していました。

日本政府は「強制連行」を認めたのではない、と言っている。しかし、ここに韓国政府は反応せず、沈黙を守っています。これは内心、あざ笑っているからだと思います。先ほども述べましたが、問題は英文でどう書かれたかでしょう。韓国では、そこで勝負がついていると言っているのです。

韓国という近い国が何を考えているのか、あまりに日本人は知らなさすぎると思います。物事の裏についてナイーブで読めなさすぎです。韓国は別に日本と仲よくしたいなどとは思っていないのです。それを間違えて、日本から対立をなくしたい、手を結びたい、仲よくしたいと考えるから、足をすくわれてしまいます。日本は韓国と無理してつき合う必要はない。そのくらいに考えていた方がよいのです。

日教組よりひどい全教組

櫻井　映画の話に戻りますが、朝鮮半島から日本に働きにきた人の中には、たとえば炭鉱で苦労した人もいると思います。しかし、軍艦島について調べてみると、日本人と朝鮮半島出身の人はお互いに助け合いながら生活していたことがわかります。一緒に食事をすることもあったし、食糧を分かち合うなど、仲よく暮らしていた証言も残っています。

それなのに、軍艦島を利用して、反日映画に仕立てる。ひどい話で、日本人はきちんと抗議しなければなりません。そんな反日映画を見た韓国の人たちの対日感情がよくなるはずがありません。

呉　嘘を本当にしていく技術の進歩、それによって嘘が真実と信じられていく。嘘の迫力、これなんですね。実際に嘘が真実になっていくのだから、どんどんやってのけることとなります。

櫻井　韓国の歴史についても、真実を見ようとはしていませんね。

呉　歴史教育はその典型ですね。ですから、子供の頃から完全に偏った歴史観を持たない方がおかしいわけです。

櫻井　韓国の先生方の偏り方が尋常ではないことを、私は取材で学びました。

日本では、日教組の教師が、生徒に反日的、自虐的なことを教えています。しかし、韓国の保守系の人に言わせると、全教組（全国教職員労働組合）は日教組よりも一〇倍過激だそうです。全教組は反日的な教育をする一方で、反韓国的なことも教えています。彼らは具体的にどのような教育を行い、どのような効果が出ているのですか。

呉　「反日」にせよ「反韓」にせよ、都合の悪い史実は隠蔽し、都合のよい史実だけを出すならまだしも、「反日」「従北」思想による根本的に捏造された歴史を教えますから、洗脳以外の何物でもありません。韓国で六〇代以下の人に「反日」「親北」の人が圧倒的に多いのはそのためです。

逆に七〇代以上の人は、日本統治時代を間接的にでも知っており、親日的な人も多くいました。特に戦後の韓国建設時代に政権の重要ポストにいた人たちの多くが、日本統治時代に役所や日本の銀行などに勤めていた人たちです。彼らは親日的であり、日本統治時代に身に付けた技術や専門知識をもって、戦後の韓国社会を作っていったのです。

しかし、そのような彼らにも本音と建前があり、本音では日本に対して親しみを感じていながらも、建前としては反日教育を推進してしまいました。それがいまの韓国につながっているのです。

櫻井　建前としての反日教育については、どうしてそのような建前を持つ必要があるのか反発したくなります。しかし、小さな頃から反日教育を受けると、本当に反日になってしまうでしょう。

呉　なってしまいますね。

子供たちが描いた「反日の絵」

櫻井　韓国の子供たちが描いた絵を見てみますと驚きます。これは小学生が描いた絵ですか。

呉　小中学生です。竹島問題がとても問題になった二〇〇五年、仁川の地下鉄駅構内で開かれたポスター展に展示されたものです。子供たちのアイデアはすごいですよ。

櫻井　これは日本の国旗・日の丸と韓国の国旗・太極旗ですね（二四一ページ写真1参照）。これは何と書いてあるのですか。

呉　「持っていくよ」と書いてあります。

櫻井　爆弾を日本に落として……。

呉　「竹島を持っていくよ」ということです。

櫻井　次の絵は日本列島に「JAPAN」と書いてありますね（写真2参照）。

呉　この絵は、人に「KOREA」と書いてありますから、韓国が日本列島を踏みにじっているということです。

櫻井　この絵の下部に書いてあるハングルはどういう意味ですか。
呉　「竹島は韓国のものだ」と書いてあります。韓国の反日の元にあるのは「侮日」です。日本を蔑視する、軽蔑するような考え方を、子供の頃から植えつけられているのです。子供たちの絵を見ると、大半が日本を侮辱しているような絵です。
次の絵も三人の子供たちが日の丸を踏みにじっていますね（写真3参照）。
櫻井　日の丸がボロボロにされています。
次の絵はハングルでなんと書いてあるのですか（写真4参照）。
呉　「国旗」と書いてあります。韓国の国旗に包丁をつけて日の丸を切り裂こうとしています。韓国が勝つというような意味なのでしょう。
櫻井　次の絵は日の丸に黒のリボンがかかっています（写真5参照）。日本が死んだ、滅びたという意味なのでしょうか。これは、線香ですか。
呉　葬儀ですよ。日本がもう滅んだと言っているのです。子供がこのような発想をしているのです。
櫻井　恐ろしいですね。
呉　日本の先生なら、このような絵を描かないようにと指導するでしょう。ところが

写真1

写真2

写真3

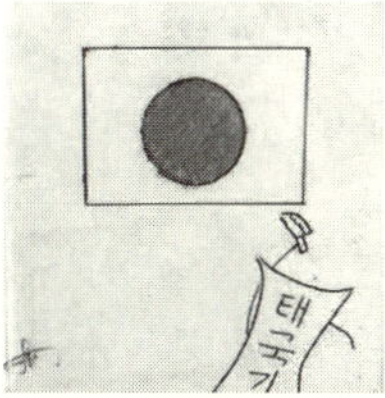

写真4

写真5

韓国の先生は、奇抜な発想だと褒めるのです。

櫻井　日本をそうやっていじめて滅ぼすのはよいアイデアだ、よく考えた、ということですか。

呉　そうです。要するに、「反日」を「侮日」教育で養っているのですね。

櫻井　日教組よりも一〇倍過激な全教組は、このような教育を行い、そしてこの教育が、日韓合意を無効にしてしまおうとする雰囲気の土台にあるのですね。

呉　彼らは、日本はけしからんという思いと、韓国の苦しめられた歴史を、「たかが一〇億円で解決できると思うな」という感情を抱いています。それから、元慰安婦の嘆きはすごい。いままでも苦しめられてきたのに、日韓合意でさらに踏みにじられた、死んでも死に切れないと、彼女たちは嘆いています。

櫻井　日韓合意の時点で存命だった元慰安婦は四六名いました。踏みにじられたという声がある一方で、二五名から二六名の元慰安婦は「日本政府の誠意を受け止めます」「一〇億円のお金も受け入れます」と言っています。「挺対協（韓国挺身隊問題対策協議会）」が、そのようなお金を受け取ったら駄目だと反対していますが、それには耳を貸さず、合意を受け入れる意思を見せた元慰安婦が、半数以上いるのです（編集註／二〇一六年一二月時点で、受け入れを表明した元慰安婦は三四人に増え、七割超に）。

呉　恐らく政府側からの説得もあったはずだし、なんといっても、いまお金を貰わないといつ貰えるかわからない。本当に嘆いている人というのは、ものすごく苦しんでいます。

櫻井　その苦しみというのは、戦前戦中に慰安婦になったことの苦しみですか。

呉　いや、それを苦しんでいままで来たのに、さらに今回、自分たちに何の相談もせず、安いお金で売り飛ばされたことに対して、耐えられないと嘆いているのです。それが韓国人のパターンなのです。

ここでいう苦しみというのは、自分自身で精神的に作っていく苦しみになります。日韓合意で自分たちがどれほど精神的な苦しみを味わっているかということで、損害賠償請求訴訟を起こしています。一人あたり一億ウォンなので、約一〇〇〇万円になります。

櫻井　韓国政府を訴えているのですか。

呉　そうです。軽く売り飛ばした、だから精神的につらい思いをしている、という意味での損害賠償です。

慰安婦が女神になった

櫻井　同じ女性としては、当時慰安婦という仕事をしなくてはならなかったことに対して、とても気の毒だと思うし、生涯忘れられない傷だと思います。しかし、戦後七〇年すぎて、当時の社会的な背景の中でそうしたことが行われたとは、元慰安婦の方々や慰安婦を支える人たちは考えないのでしょうか。

呉　こうした「物語」は、彼女たちの生きる支えとして作られてきたものでしょう。

本人たちの体験にはなかったと思います。しかし、政治的に作られることによって、一つのドラマが完成したのです。それによって、元慰安婦たちは救われています。それまでは、慰安婦だったという過去を恥ずかしく思っていたかもしれませんが、作られたドラマによって英雄になりました。

慰安婦像があちこちで完成していますが、ものすごく美しく作られています。いまや慰安婦像は神様のような存在、女神のようになっています。このように、いつの間にか一つの物語ができ、慰安婦に対する見方も変わる。これが韓国人の情緒なのです。

櫻井 そうすると、いまの韓国人の情緒に従った慰安婦の物語というのは、歴史的な事実とは直接関係のない方向に行っている。

呉 その通りです。『鬼郷』のような映画もフィクション、作り話です。しかし、映画を見た多くの韓国人が感動して、新しい事実がわかったというような話になり、それがまた新たな物語を作り出してしまうのです。

櫻井 負の連鎖ですね。

事実ではないことを映画にして、それにみんなが涙して、興奮する。救いようがないと言ったらおかしいですが、非常に後ろ向きのサイクルに入っています。

呉　韓国社会は道徳的情緒社会なので、反日になっていったときに、理念と情緒が一緒になってものすごく大きな力を持ちます。そのため、日本人がいくら話をしようとしても、理性が通用しなくなっていきます。

そのサイクルは、「民族」という理念、情緒にもつながっていきます。韓国の親北朝鮮化は、こうした側面からも読み取ることができます。

櫻井　金正恩委員長の「覇気カット」と呼ばれるあのヘアスタイルや、本当に飢えている国民、そして側近の姿勢が少し悪かったという理由で行われる残酷な形での粛清、核実験の続行。

この北朝鮮に対して、韓国の中から、もっと違う見方が生まれてしかるべきではないでしょうか。安全保障の面でも、韓国は非常に大きな危険に直面しています。しかし、繰り返しになりますが、なぜ、韓国の人が親北朝鮮に傾いてしまうのか。

呉　北朝鮮はやりすぎる面もあるため、それについては韓国人も反発しています。ただ、韓国人は強烈なリーダーシップに対して大きなあこがれを抱いています。

櫻井　金正恩委員長はリーダーシップというよりも、独裁、専制独裁者です。

呉　その点は、金日成主席の時代から同じです。その後の金正日総書記も金正恩委員長も同じ独裁者ですが、独裁者でありながらも、その象徴的な存在に韓国人はあこがれるのです。それが親北に傾く理由でもあります。

戦後の歴代大統領では、朴正熙氏が強烈な存在でしたが、その後の大統領は、それほど強いリーダーシップを示すことができませんでした。するとどうしても、同じ朝鮮民族である北朝鮮に目が行きます。確かに北朝鮮には、行きすぎた面がありますが、とにかく軸が一つで、我が伝統的な軸に沿って動いていると感じるのです。北朝鮮のシステムに対するあこがれです。だから親北朝鮮に傾いてしまっています。特に若い世代は、ものすごく親北になっています。

日韓合意は崩れる

櫻井　もう一つわからないのは、若者の意識です。

たとえば日本では二〇一五年、選挙権年齢が引き下げられ一八歳から投票できることになりました。一八歳、一九歳、二〇歳という若い世代の有権者は、どの政党を支持するのか、最初は民進党を支持するのではないかと言われていたのですが、二〇一六年七月の参院選では、意外にも多くの若者が自民党を支持しました。その理由は何なのか。様々な政治学者の分析がありますが、やはり若者は、イデオロギーにとらわれず事実を見ているということではないでしょうか。たとえば中国です。年配者は中国にあこがれを抱いています。しかし、近年中国が南シナ海や東シナ海でやっていることは何なのか。

安倍総理は、いままでの政権とは違い、現実を見て外交を行っています。だから多くの若者がどちらかというと、保守政党である自民党を支持しました。

このような日本とは反対の傾向が、韓国の若者に生まれているようです。

呉　その通りです。

櫻井　韓国の若者は現実を見ないのですか。学校では事実を教えてもらえませんが。

呉　北朝鮮については、ある程度はわかっています。金正恩委員長が独裁者だということも韓国人はわかっています。

韓国は二〇年前から経済状況がある程度よくなったとはいえ、近年は悪化していいます。また、それ以上に、社会倫理が崩壊しています。この一〇年から一五年ほどの間に、ものすごい社会変化が起き、家族関係、人間関係が崩壊しました。それに対するショックや反動もあります。核家族化が進んでいく中で、個人主義が猛スピードで一般化しました。いきなり個人主義になっていったときに、それに耐えられる強い者だけが成功しています。しかし、大半の人は、なかなか耐えられず、孤独になっています。

若者の失業率も高く、だから北朝鮮のような国にはなりたくないとは思っています。貧困は嫌だと考えています。

でも、一つの軸となる強烈な存在に対するあこがれがあります。北朝鮮の軸を持ってきてミックスすれば、韓国はもっとうまくいくのではないか。彼らはそのような言い方をします。

それから、先にも述べたように、特に金大中と盧武鉉の両政権での親北朝鮮政策の影響ですね。歴史教科書も、まるで北朝鮮で使われるような教科書を作ってしまいました。それがいま、韓国に根づいてしまったのです。

櫻井 二〇一五年末に日韓合意がなされ、朴槿恵大統領（当時）と安倍総理は二〇一六年九月、G20（20カ国・地域）首脳会議で立ち話をして、ASEAN（東南アジア諸国連合）関連首脳会議では正式な会談をしましたが、政治家同士のよい関係というのは、国民レベルではほとんど否定されていくのですか。

呉　よい関係にはならないでしょう。朴槿恵政権は、韓国国内で力を失っています。日韓合意をした理由の一つも、それにあるはずです。そのような朴槿恵政権は、韓国の社会を変えることはできません。だから野党は日韓合意の無効運動を続けて、次の選挙でこれを利用しようとしているのです。

櫻井　日韓合意は極めて悲観的な展望しかないと思いますか。

呉　そう思います。合意はすぐに崩れていくはずです。

櫻井　日韓合意は、両国の政府同士が合意し、国際社会に向けて発表したものです。日本は合意するためにかなり譲歩しました。韓国にはこれをきちんと守り、前に向けていこうという気持ちがない。

呉　日韓合意を世界に向けて発表したからといって、それでもう慰安婦問題は解決だということにはなりません。日本政府が一〇億円を拠出したら、「日本人は強制連行を認めた、それならばもっとお金を出せ」という流れに必ずなります。それを知ってもらいたい。だからこそ、韓国とは少し距離を置いたつき合い方をした方が、無難にいくと思います。

櫻井　距離を置いてつき合うのは大事なことですが、日本がいま、韓国と協力しようとしているのは、もっと大きな戦略の中で、日本と韓国の国益は互いに重複する部分があると考えているからです。

相手は北朝鮮、もしくはその後ろにいる中国です。

これらの脅威に備えるとき、どうしても日本と韓国は協力した方がよい。日本と韓国にアメリカも加えて協力しなければ、韓国は、北朝鮮とのせめぎ合いに負けるかもしれない。中国に飲み込まれてしまうかもしれない。

それは日本にとって望ましいことではありません。だから感情的なことはしばらく置いておいて、いまは国益のために一緒にやりましょうという思いが、日本側にはある。私はそう思います。これは韓国の人には理解できないことなのでしょうか。

呉　いや、その通りだと思います。私もそうなってほしいと思います。しかし、韓国側からすると、いまの情勢を見て、中国側についた方がよいと思えば、中国につきます。最近、中国の経済が傾いてきていて、中国に少し冷たくされていることもあり、韓国は中国に頼れないという気持ちになっています。そこで今度は、少し足をこちら側に寄せるような動きを見せるなど、右往左往しています。

そのときの状況によって動いているので、自分たちにとって何がよいのか、そのときどきの政権の判断になっていきます。

櫻井　とりわけ弱い国、小さい国になると、どちらについた方が得かということですね。

呉　歴史的に見ても、韓国はずっとそうしてきました。朴槿恵政権は残念でしたが、最初からきちんとした反北朝鮮と、反中国とまでは言わないまでも、親中国にならなければよかった。いまになって右往左往して、中国から離れようか、日本につこうかと悩んでも、すでに朴槿恵政権は力を失っています。日本はそのような政権と日韓合意をしただけなのです。この合意にどれほどの効力があるかは、これは目に見えてわかることです。

櫻井　もっと冷めた目で、日本も計算しながらつき合い、韓国に対して思い入れを持ってはならないということですね。それは本来、外交の鉄則です。

呉　その方が韓国のためにもよいと思います。もちろん、日本のためにも。

（二〇一六年九月九日放送）

あとがき

話したことへの付け足しを、いくらかしておきたいと思います。

韓国人の言動や韓国に起きる政治的・社会的な諸事件に対して、多くの日本人が「度はずれな過剰さ」を感じていると思います。似たような言動や事件は日本にもあるけれど、決してあそこまではいわない、まずあそこまではしない、とてもあんなふうにはならない、程度がまるで違う、という声を、韓国で何かの事態が起きるたびに耳にします。

そこで問題は、日本人のコモンセンス（常識）からは、「そこまでが限度」と思われる境界線をやすやすと超えて、すぐに「度はずれ」というしかない事態へ進んでいくのはなぜか、ということになります。

それは、ひとくちにいえば、物事の判断について、道徳的な善悪を絶対基準とする硬直した理念が、国民精神の中心軸を占めているためです。では、なぜそうした理念が根付いていったのでしょうか。

朝鮮半島では、李氏朝鮮王国という世界に類例を見ない頑強な独裁官僚国家による、これまた世界に類例のない五〇〇年もの長きにわたる支配があった、ということです。そしてその間、強力な政治的・文明的圧力によって、人々の精神には深い亀裂がいたるところに生じ、朱子学の硬直した理念の浸透を受けるだけ受けてきた、ということです。

中国を真似て取り入れた中国式の中央集権制と中華式の文明は、狭い朝鮮半島内では本家の中国以上に徹底させていくことができたのです。

李氏朝鮮が日本に併合されたことで、朝鮮の社会は一定の近代化を遂げたとはいえ、すでに自家薬籠中の物となった硬直した理念は、解体されることなくそのまま温存され、戦後の韓国と北朝鮮へと引き継がれて現在にいたっています。

その点で日本列島は朝鮮半島とは正反対です。日本には硬直した理念が成立したことなど、一度たりともないからです。大陸文明に圧倒されて、自文化の本体を見失うこともなかったからです。多くの日本人が、韓国人以上に韓国のことをよく知る人まででも、韓国に生起する物事について「なぜそこまで?」と首を傾げざるを得ない根本の理由が、そこにあると思います。

対談中、櫻井よしこさんからは、思わず「はっ」と気づかされることが、たびたびあり、大きな刺激を受け続けたことを、言い添えておきたく思います。その信念の強さ、認識の深さ、洞察の鋭さに触れて、格別の気分を味わうことができましたことに感謝いたします。また、不十分と思える私の発言は多々あり、できる限りの手を加えました。いろいろと力をつくしてくださった編集部に感謝いたします。

平成二九年四月

呉　善花

本書は、櫻井よしこキャスターの番組『櫻ＬＩＶＥ　君の一歩が朝《あした》を変える！』（製作／言論テレビ）で放送された対談をもとに再構成、大幅に加筆したものです。

言論テレビ
『君の一歩が朝《あした》を変える！』 http://www.genron.tv/ch/sakura-live/
『花田編集長の右向け右！』 http://www.genron.tv/ch/hanada/

櫻井よしこ（ジャーナリスト）

ベトナム生まれ。ハワイ州立大学歴史学部卒業。「クリスチャン・サイエンス・モニター」紙東京支局員、アジア新聞財団「DEPTHNEWS」記者、同東京支局長、日本テレビ・ニュースキャスターを経て、フリー・ジャーナリスト。1995年に『エイズ犯罪　血友病患者の悲劇』（中央公論）で第26回大宅壮一ノンフィクション賞、1998年に『日本の危機』（新潮文庫）などで第46回菊池寛賞を受賞。2011年、日本再生へ向けた精力的な言論活動が高く評価され、第26回正論大賞受賞。

2007年「国家基本問題研究所」を設立し理事長、2011年、民間憲法臨調代表に就任。2012年、インターネット動画番組サイト「言論テレビ」を立ち上げ、キャスターを務める。

著書に、『論戦』シリーズ（ダイヤモンド社）、『何があっても大丈夫』『日本の敵』（新潮社）、『迷わない。』（文春新書）、『「正義」の嘘　戦後日本の真実はなぜ歪められたか』『民意の嘘　日本人は真実を知らされているか』（花田紀凱氏との共著、産経新聞出版）など多数。

呉善花（評論家）

1956年、韓国生まれ。拓殖大学国際学部教授。大東文化大学卒業後、東京外国語大学大学院修士課程修了。韓国時代に4年間の女子軍隊体験がある。大学院時代に発表した『スカートの風』がベストセラーに。

1996年、『攘夷の韓国　開国の日本』で第5回山本七平賞を受賞。

『韓国併合への道 完全版』『侮日論「韓国人」はなぜ日本を憎むのか』（以上、文春新書）、『さらば、自壊する韓国よ！』（WAC BUNKO）など著書多数。

赤い韓国　危機を招く半島の真実

平成29年5月9日　第1刷発行

著　　者　櫻井よしこ　呉善花
発 行 者　皆川豪志
発 行 所　株式会社産経新聞出版
〒100-8077 東京都千代田区大手町1-7-2
産経新聞社8階
電話　03-3242-9930　FAX　03-3243-0573
発　　売　日本工業新聞社　電話　03-3243-0571（書籍営業）
印刷・製本　株式会社シナノ

ISBN 978-4-8191-1304-5　C0095

定価はカバーに表示してあります。
乱丁・落丁本はお取替えいたします。